C.H.BECK WISSEN

Die Anfänge des antiken Dramas reichen ins 6. Jahrhundert v. Chr. zurück. Damals stifteten die Tyrannen Athens – Peisistratos und seine Söhne – ein Fest zur Ehren des Gottes Dionysos. In diesem Rahmen war es der Dichter Thespis, der dem Chor, der Kultlieder zu Ehren des Gottes vortrug, einen ‹Antworter› – Hypokrites – gegenüberstellte. Diese Verbindung entwickelte bald eine Dynamik, die zur Entstehung komplexer Stücke führte. Sie spielten zwar in einer mythischen Vergangenheit, aber die darin gebotenen Konstellationen von Menschen und Schicksalen bewegten die Zeitgenossen zutiefst. Tragödien lockten Tausende von Zuschauern in neu entstehende Theater. Aischylos, Sophokles, Euripides, Aristophanes und Menander sind die uns bekannten Dramatiker, doch versuchten damals jahrhundertelang immer neue Dichter mit immer neuen Werken, Publikumsgunst und Preise zu gewinnen. Seit der Mitte des 3. Jahrhunderts setzte das Drama seinen Siegeszug auch in Italien fort – zunächst in Form lateinischer Übersetzungen griechischer Werke, bald auch in eigenen Schöpfungen lateinischer Dichter. Erhalten sind die Komödien von Plautus oder Terenz. Einen weiteren Höhepunkt erlebte das lateinische Drama im 1. Jahrhundert n. Chr. mit den Tragödien Senecas.

Therese Fuhrer, Professorin für Latinistik, und *Martin Hose*, Professor für Gräzistik, lehren beide an der Ludwig-Maximilians-Universität München. Sie bieten mit diesem Buch eine klare, informative und anregende Einführung in die Geschichte des antiken Dramas, stellen Dichter und Werke vor, erhellen den Platz der Tragödie in Gesellschaft und Geistesleben und lassen uns erkennen, weshalb diese Form der Dichtung bis in unsere Zeit wirkmächtig geblieben ist. Von Martin Hose sind bei C.H.Beck ferner lieferbar: *Meisterwerke der antiken Literatur* (Hg., [3]2016); *Kleine griechische Literaturgeschichte* ([2]2012); *Euripides. Dichter der Leidenschaften* (2008).

Therese Fuhrer/Martin Hose

DAS ANTIKE DRAMA

Verlag C.H.Beck

Mit einer Abbildung und zwei Schaubildern
Abb. S. 80: Carole Raddato; https://www.flickr.com/photos/carolemage/24228935795/in/photolist-fGfZz1-e9XX6P-CV2Cuk

Originalausgabe

Satz, Druck u. Bindung: Druckerei C.H.Beck, Nördlingen
Umschlaggestaltung: Uwe Göbel, München
Umschlagabbildung: Mosaik mit der Darstellung von Theatermasken, Hadriansvilla in Tivoli. Rom, Kapitolinische Museen,

Printed in Germany
ISBN 978 3 406 70792 6

www.chbeck.de

Inhalt

I. Die «Geburt» der dramatischen Formen in der griechischen Welt

Die Entstehung der Tragödie

«Seit der Dichter Thespis als erster als Schauspieler auftrat, der ein Drama [in der Stadt] einstudiert hatte und als [Siegespreis] der Bock ausgesetzt war, sind 2[7 ?] Jahre vergangen ...» So lautet ein verwitterter Eintrag einer Chronik auf einer Marmortafel, gefunden auf der Insel Paros. Diese Chronik, das sogenannte *Marmor Parium*, verzeichnet, ausgehend vom Jahr 264/3 v. Chr., Geschehnisse der griechischen Geschichte im Rückblick, darunter auch solche von kultureller Bedeutung. So wird mit diesem Eintrag eines Ereignisses in Athen («in der Stadt») gedacht: der Aufführung der ersten Tragödie durch den Dichter Thespis. Das byzantinische Lexikon *Suda* gibt im Artikel *Thespis* hierfür eine exaktere Datierung, die 61. Olympiade (d.h. das Intervall 535/2 v. Chr.). In einem buchstäblichen Sinn wird so die ‹Geburt der Tragödie› protokolliert, und man kann mit Hilfe von Kombinationen aus der Kultur- und Ereignisgeschichte des 6. Jh. v. Chr. die Rahmenbedingungen dieser ‹Geburt› erschließen, auch wenn die Datierungen für diese Zeit ihrerseits auf bereits antiken Konstruktionen beruhen sollten.

Athen hatte im Laufe des 6. Jh. v. Chr. politische Spannungen und Veränderungen erlebt, die für archaische griechische Poleis nicht selten waren: Wirtschaftliche Veränderungen, darunter die wachsende Bedeutung des Handels und der Geldwirtschaft, hatten zu sozialen Problemen in der Bevölkerung und einem Zerfall des Zusammenhalts in der Aristokratie geführt, die die Geschicke der Stadt lenkte. Reformen, die der berühmte Politiker Solon erarbeitet hatte, brachten keine dauerhafte Abhilfe. So konnte sich in Athen, wie auch in vielen anderen griechischen Städten, der Aristokrat Peisistratos zum Alleinherrscher über die Stadt aufschwingen. Seit Mitte der 40er Jahre regierte er Athen und gewann während seiner fast zwei Jahrzehnte währenden Herrschaft eine breite Zustimmung zu seiner Tyrannis, zu der auch eine Kulturpolitik gehörte, in deren Rahmen er Götterfeste neu einrichtete. Zum traditionellen Inventar derartiger Feste zählten neben Prozessionen Opfer und musische Darbietungen, die oft als Wettbewerbe von Chören oder einzelnen Künstlern organisiert waren. Die Opfer sicherten nicht nur das Wohlwollen der Götter, sondern boten, da das Fleisch der Opfertiere an die Kultgemeinde verteilt wurde, den ärmeren Bevölkerungsschichten eine der wenigen Gelegenheiten für den Verzehr von Fleisch. Prozessionen und musische Vorführungen stärkten darüber hinaus durch die Beteiligung der Kultgemeinde ein Gemeinschaftsgefühl – Feste trugen damit zur Identitätsstiftung in einer Polis bei.

Peisistratos und seine Söhne nutzten solche Feste als Instrument, die Bevölkerung an sich zu binden und konkurrierende Aristokraten-Familien an Prestige zu überflügeln. So förderten sie das wichtigste Fest Athens, die Panathenäen, und sorgten dafür, dass dort die homerischen Epen vollständig rezitiert wurden. Im Rahmen dieser Politik stifteten die Tyrannen (oder bauten aus) ein Fest zu Ehren des Gottes Dionysos im Monat Elaphebolion (nach heutigem Kalender in der zweiten März- und ersten Aprilhälfte). Sie statteten es nicht nur mit Opfern und Festgelagen zu Ehren des Gottes aus, sondern auch mit der passenden Musik. Deren Grundbestandteil war in der archaischen griechischen Kultur der Chor, der Hymnen für die Götter zur Begleitung von Flöten oder Saiteninstrumenten sang und dazu tanzte. Im Laufe des 6. Jh. wurden derartige Chorgesänge zunehmend kreativer ausgestaltet und lösten sich aus ihrer Bindung an traditionelle Hymnenformen. So berichtet Herodot (1,23) etwa, dass der Kitharode Arion in Korinth den Dithyrambos, das Kultlied für Dionysos, reformierte. Zu derartigen musischen Experimenten gehört auch die Neuschöpfung des Thespis für die Dionysien in Athen. Aus den kargen überlieferten Nachrichten ergibt sich, dass er die Rolle des Chores veränderte, indem er ihm ein Gegenüber schuf, einen *hypokrites*, «Antworter» (oder «Ausleger») – wir können ihn als ‹Schauspieler› bezeichnen. Zwischen diesem Schauspieler (er konnte, je nach Kostüm und Maske, in verschiedenen Rollen vor den Chor treten) und dem Chor entwickelte sich eine Interaktion, die den traditionellen Chorgesang völlig verwandelte: Aus einem einfachen Chor, der über eine Begebenheit in der Vergangenheit singt, wurde nun eine Gruppe von Menschen, die in eben dieser Vergangenheit agieren, die für sie (wie für den Schauspieler) eine neue, imaginäre Gegenwart darstellt – anders formuliert: Aus einem einfachen Bericht ist nun ein ‹Handeln› (griechisch: *drama*) geworden.

Thespis schuf diese neue musische Form offenbar aus verschiedenen ‹alten› Komponenten: dem traditionellen Chor, einem *hypokrites*, der Maskierung. Ferner griff er auf Traditionen zurück, die außerhalb Athens lagen: Der Chor der Tragödie sang nicht im attischen Griechisch, sondern in einer an das dorische Griechisch angenäherten Form; im Kontrast dazu trug der Schauspieler auf Attisch Sprechverse im jambischen Trimeter (d.h. der dreimaligen Wiederholung des Schemas υ – υ –) oder (seltener) trochäischen Tetrameter (d.h. der viermaligen Wiederholung des Metrums – υ – υ) vor. Diese Mixtur der Komponenten hat schon früh zu erklärenden Herleitungen der Tragödie herausgefordert. Es ist übrigens für die griechische Kultur ein typisches Phänomen, dass sie sich für die Fülle ihrer Erscheinungen selbst Rechenschaft abzulegen versuchte, in der Regel dadurch, dass man einen ‹ersten Erfinder› – *protos heuretes* – für eine Errungenschaft identifizierte, wie ihn gerade das *Marmor Parium* in der Gestalt des Thespis für die Tragödie nennt. So sah Aristoteles (*Poetik,* Kap. 4) die Genese der Tragödie in Improvisationen, die die Leiter von Dithyramben-Chören ausprobiert hätten. Ferner inspirierte der Name ‹Tragödie› zu erklärenden Erzählungen, in denen der attische Bauer Ikarios den Weinanbau ‹erfunden› habe, ein Ziegenbock, der von den Reben fraß, zur Strafe getötet worden sei und sich an diesem ‹Bocksopfer› kultische Tänze für Dionysos als eine Art von Proto-Tragödie entwickelt hätten (so der alexandrinische Gelehrte Eratosthenes).

Heute sieht man im Namen ‹Tragödie› einen Hinweis auf alte

Kultbräuche, freilich in mehrdeutiger Weise. Lässt er sich doch als (a) ‹Gesang der Böcke›, (b) ‹Gesang zum Opfer eines Bocks› oder (c) ‹Gesang um den Preis eines Bockes› verstehen. Dies führt auf je verschiedene Archäologien der Tragödie. So wäre ein Gesang um den Preis eines Bockes Hinweis auf die Konstellation von Thespis' erster Darbietung, die Tragödie hätte ihren Namen schlicht vom Preis für Thespis erhalten. Der Gesang der Böcke, d.h. von Sängern in Bockskostümen, würde auf kultische Zusammenhänge deuten, in denen Verkleidung, also Transformation und Transgression von Grenzen etwa zwischen Mensch und Tier, im Zentrum standen. Dies passt zum Kontext von Kulten des Dionysos, des Gottes der Veränderung und Transgression schlechthin, womit sich die Verbindung von Tragödie und Dionysos erklären ließe. Der Gesang beim Bocksopfer könnte wiederum auf Riten hinweisen, in denen der Mensch das Erlebnis des Tötens und des Todes zu bewältigen versucht. Eine solche Herleitung würde die Fokussierung der Tragödie erhellen, die sich auf Sterben und Tod sowie Versuche, diesen Vorgängen Sinn zu geben, richtet. Ferner hilft sie, die spezifische ästhetische Wirkung der Form zu erklären, die in einem eigenartigen ‹Vergnügen an tragischen Gegenständen› liegt, d.h. der auf den ersten Blick merkwürdigen sublimen Lust an dargestelltem Leid anderer Menschen.

Alle Herleitungen bleiben freilich aufgrund der Überlieferungslage zur Tragödie des späten 6. Jh. Hypothesen. Zu wenig ist zu den Dramen des Thespis und seines jüngeren Konkurrenten Choirilos sicher ermittelbar: Vier Werktitel und vier Fragmente des Thespis sind überliefert, doch vielleicht sind dies Fälschungen aus hellenistischer Zeit. Für Choirilos notiert die *Suda* die gewaltige Zahl von 160 Stücken und 13 Siegen (an den Dionysien?), die dieser seit der 64. Olympiade (523/20 v. Chr.) vorzuweisen habe. Überliefert sind ein einziger Titel (*Alope*) und zwei unvollständige Verse. Immerhin spricht selbst aus diesen spärlichen Nachrichten, dass das Experiment ‹Tragödie› ein Erfolg war. Die Kombination von Gesang, Tanz, Spiel und Kostüm, später erweitert um Bühnenbauten und -dekoration, zog die Athener (und darauf fast die gesamte Mittelmeerwelt) in ihren Bann. In einem nach heutigen Maßstäben reizarmen Stadtleben war das jährliche Feuerwerk der ästhetischen Eindrücke durch das Drama ein Ereignis, und daher ist es nicht erstaunlich, wenn man sich in Athen an einzelne Aufführungen noch lange erinnerte. Die Komödie konnte daraus später Parodien in reichem Maße schöpfen, und auch die Tragödiendichter selbst durften darauf vertrauen, dass mindestens ein Teil des Publikums erkannte, wenn sie sich in ihren Dramen von älteren Stücken abheben wollten.

Die Dionysien werden zum Fest der Polis

Nach Peisistratos' Tod (528/7) übernahmen seine Söhne die Herrschaft. 514 wurde Hipparchos, der jüngere Sohn, am Panathenäen-Fest ermordet, 510 Hippias, der ältere Sohn, gestürzt. In Athen begann ein Ringen der aristokratischen Familien um die Macht, das allerdings nicht in einer neuen Tyrannis oder Bürgerkrieg endete, sondern die Strukturen der Polis in mehreren Schritten in das, was man als ‹Demokratie› bezeichnet, überführte. So sorgte 508/7 Kleisthenes mit einer großangelegten Reform für eine Neuordnung der Bürger in insgesamt zehn Verwaltungsbezirke (Phylen) mit je drei Unterbezirken, die über die mehr als 130 ‹Demen› (dorf- bzw. stadtteilgroße Verwaltungseinheiten) gelegt wurden. Da sich die sozial-kultische und politische Identität der Bürger fortan aus dieser neuen Zuordnung ergab, lösten sich die Bindungen an Adelsgeschlechter und deren kultische Funktionen allmählich auf. Eine neue Polis-Identität konnte entstehen.

Die Dionysien, mochten sie auch von den Peisistratiden begründet sein, wurden in der neuen Ordnung weitergeführt. Ihre Leitung hatte nun der ‹Archon eponymos› (*eponymos*, weil sein Name dem Jahr den Namen gab), der nominell wichtigste Beamte Athens. Seit ihrer Begründung (oder Erneuerung) in der 61. Olympiade erweiterte sich ihr Programm: Zwischen 520 und 510 fand eine weitere dramatische Form Aufnahme: das Satyrspiel, dessen ‹Erfinder› Pratinas aus Phleius gewesen sein soll. Dieser entwickelte volkstümliche Tänze von ‹Satyrn›, d.h.

mit Pferdeattributen verkleideten Tänzern, die Waldgeister von der Peloponnes verkörperten, zu lustigen dramatischen Spielformen weiter und bereicherte mit solchen ‹Satyrspielen› die Dionysien um ein heiteres Element. Ferner hatte bereits Hipparchos mit Lasos aus Hermione einen genialen Neuerer des Dithyrambos nach Athen geholt, der den alten Götterhymnus in ein buntes, auch (Rund-)Tanz des Chores einschließendes Spektakel verwandelte. Auch der so reformierte Dithyrambos überstand das Ende der Tyrannenzeit. Das *Marmor Parium* notiert für das Jahr 509/8 – das erste Jahr nach Vertreibung des Hippias – einen ersten Wettbewerb der Männerchöre an den Dionysien. Das Athen nach der Tyrannis hatte also aus der Aufführung eines je einzelnen Dithyrambos am Fest einen Wettbewerb gemacht, an dem sich mehrere Männerchöre beteiligten. Aus der späteren Praxis dieses Wettbewerbs ergibt sich, dass damit ein Agon der Phylen geschaffen war, die sich mit je einem Bürger-Chor engagierten. Dieser Wettbewerb zeigt damit eine Transformation der Dionysien. Denn er führte dazu, dass sich einerseits die neu geschaffenen Phylen als je eine Einheit in ihrem Chor repräsentierten und andererseits durch die Einbindung der 10 Chöre in einen Agon, der von 10 Wettkampfrichtern aus den 10 Phylen bewertet wurde, zugleich die Ausrichtung der Phylen auf eine Einheit, die Polis Athen, entstand.

Auch die Tragödie und das Satyrspiel wurden an den Dionysien in einen Agon gestellt. Wenn man dem *Suda*-Eintrag zum Tragiker Phrynichos folgt, ist für diesen ein erster Sieg in der 67. Olympiade (511/08) notiert. Also wurden unmittelbar nach dem Tyrannensturz auch die Tragödienaufführungen als Wettbewerb durchgeführt. Erstmals für die 70. Olympiade (499/96) ist ein solcher Wettbewerb ausführlicher bezeugt: Pratinas, Choirilos und Aischylos waren Teilnehmer der Konkurrenz. Wenn man aus den im späteren 5. Jh. üblichen Konstellationen auf diesen Agon rückschließen darf, standen sie mit je drei Tragödien und einem abschließenden Satyrspiel im Wettbewerb. Auch der Tragiker-Agon trug zur Identitätsstiftung bei, da die Produktion der drei Tetralogien (drei Tragödien und ein Satyrspiel von jedem Dichter) von je einem reichen Athener bezahlt, die benötigten Chöre von je zwölf Polisbürgern gebildet wurden und wiederum Repräsentanten der zehn Phylen über den Sieg entschieden.

486 wurde das Programm der Dionysien abermals erweitert: Zu den Dithyramben, Tragödien und Satyrspielen trat nun der Wettbewerb mit ‹Komödien›.

Die Komödie: Vom kultischen Spiel zur dramatischen Form

Anders als Tragödie oder Dithyrambos, die als künstlerische Spitzenprodukte des intellektuell experimentierfreudigen 6. Jh. konkrete Schöpfungen für bestimmte Festanlässe darstellen, ist die Komödie als Gattung Resultat einer Entwicklung: Ausgangspunkt waren attische kultische Umzüge, die Fruchtbarkeitsriten wie etwa den ‹Phalloskult› begleiteten, zu denen Verspottungen gehörten und in denen für begrenzte Zeit soziale Normen außer Kraft gesetzt wurden, bei denen Maskierungen und spielerisches Darstellen von ‹Anderem› (etwa von Tieren und Dämonen) von Bedeutung waren. Wohl unter dem Einfluss der Tragödie bildete sich daraus eine Spielform mit bestimmten Abfolgen von Gesang und Rede. Ferner wurden in der antiken Literaturkritik bereits früh Formen volkstümlichen Possenspiels auf Sizilien und in Unteritalien mit dem Begriff ‹Komödie› belegt und so zwei unterschiedliche Formen mit einem Namen verbunden. Die westgriechische Posse ist vielleicht sogar älter als die attische Komödie. Für sie steht der Name des Dichters Epicharm, über dessen Werke wir allerdings kaum etwas wissen. Literarhistorisch von Bedeutung ist die Posse insofern, als sie auf die römische Komödie eingewirkt haben könnte.

Mit Blick auf Attika hat Aristoteles' Bemerkung dagegen vollste Berechtigung: «Die Komödie hingegen wurde nicht ernsthaft beachtet, daher blieben ihre Anfänge im Dunkeln.» (*Poetik* Kap. 5, 1449 a/b). Wie bei der Tragödie ist auch der Name ‹Komödie› – Gesang beim *kom(os)* – nicht eindeutig erklärbar. Bedeutet *komos* «Festschwarm», d.h. Zug von mehr oder minder Betrunkenen in heiter-ausgelassener Stimmung, oder «Schlaf», d.h. Nachtgesang, der die ehrbaren Bürger absichtlich stört? Oder liegt das griechische Wort für «Dorf» – *kome* – zugrunde, was auf den Gesang der Dörfler in der Stadt oder der Städter im Dorf führt? Die Antike bemühte alle drei Erklärungen, die moderne Forschung präferiert die Festschwarm-Deutung.

Während die Tragödie von der Etablierung der Dionysien an Teil des Festprogramms (und damit staatlich finanziert) war, erlangte die Komödie erst ein halbes Jahrhundert später, 486, diesen Status. Noch merkwürdiger ist der Umstand, dass augenscheinlich nicht die Dionysien (wo während weiter Strecken des 5. Jh. fünf Komödiendichter mit je einer Komödie im Wettbewerb standen), sondern die Lenäen, ein uraltes Dionysos-Fest Ende Februar, für die Komödie die wichtigste Gelegenheit der Aufführung war (ebenfalls mit fünf Stücken von fünf Dichtern). Doch paradoxerweise nahm die Polis in diesem Fall erst seit ca. 440 offiziell die Ausrichtung des Komödienagons vor. Offenbar hatte die Komödie bis ins 5. Jh. hinein keine so festen Konturen, dass sie Agon-tauglich gewesen wäre (wofür eine Vergleichbarkeit der einzelnen Komödien Voraussetzung war, also mindestens eine einheitliche Zahl der Schauspieler, der Choreuten – Mitwirkende im Chor –, eine gewisse Handlungsstruktur etc.). Im Gegenteil – das Improvisatorische (und zugleich Bunte) dürfte für diese Gattung zunächst konstitutiv gewesen sein und erst durch die fortwährenden Wettbewerbe einer stärkeren Typisierung gewichen sein. Prägnant zeigen dies die Titel der frühen Komödie, der Stücke eines Magnes oder Chionides, die in der ersten Hälfte des 5. Jh. aufgeführt wurden, Titel wie *Leierspieler*, die *Lyder*, die *Vögel*, die *Gallwespen*, die *Frösche*; die Häufung von Tiernamen im Plural als Stücktitel weist auf als Tiere kostümierte Chöre. Daraus kann man schließen, dass die frühe Komödie von einer Phantastik geprägt war: Die Grenzen der (Alltags-)Welt wurden überschritten, wenn Tier-Chöre mit Menschen kommunizierten. Nimmt man die Transgression der Aristophanischen Komödie (S. 53) als Anhaltspunkt, heißt das, dass Zeit und Raum frei disponierbar waren, Vergangenheit, Gegenwart und Zukunft ebenso dargestellt werden konnten wie die Grenze zwischen Leben und Tod durch Gang in den

Hades und Wiederbelebung Toter überschreitbar wurde. Die Leiblichkeit des Menschen war Thema: Reichliches Essen, Trinken – die entsprechenden Ausscheidungsprozesse des Körpers mitbedacht – und der Sexualtrieb (der sich auch im Kostüm der Schauspieler zeigte, zu dem ein deutlich sichtbarer Phallos gehörte) erscheinen in den Fragmenten der frühen Komödiendichter. Das Groteske und das Phantastische treten damit als Charakteristika der Komödie hervor. Um die Mitte des 5. Jh. wird ein weiterer Themenbereich deutlicher kenntlich: die Politik der Polis, ihre kulturelle Verfassung. Damit gewinnt die Komödie Züge der politischen Satire hinzu.

In formaler Hinsicht lassen sich Differenzen der Komödie zur Tragödie ausmachen. Sie ist ‹epirrhematisch› (nicht ‹episodisch› wie die Tragödie): Ihr besonderes Kennzeichen ist eine Bauform, in der Chorlied und Sprechverspartie (die als «Darauf-Gesagtes», griechisch *epirrhema*, der Form den Namen gegeben hat) einander abwechseln. Diese Form ist besonders gut geeignet, ein Streitgespräch zweier Parteien vor dem Chor als Richter (oder auch als Partei) durchzuführen. Im Gegensatz zur Tragödie, in der der Chor zumeist Mitleid mit einer Figur in Not ausdrückt, steht der Chor der Komödie dem komischen Helden ablehnend oder sogar feindlich gegenüber und muss im epirrhematischen Agon für dessen Sache gewonnen werden. Ferner kennzeichnet die frühe Komödie ein offeneres Verhältnis zwischen Zuschauer(raum) und Bühne als die Tragödie: Während in der ernsten Gattung das Bühnen- und Orchestra-Geschehen einen vom Zuschauer wie durch eine unsichtbare Wand getrennten (Illusions-)Raum bildet, spielt die Komödie permanent zwischen Bühne und Zuschauerraum entweder verbal oder sogar körperlich (indem Personen die Seiten wechseln) hin und her. Im Gegensatz zur von der Tragödie erzeugten Illusion eines Tragödiengeschehens kann man daher bei der Komödie aller Phantastik zum Trotz beim Hin- und Herspiel nicht von Illusionsdurchbrechung sprechen, da keine nachhaltige Illusion aufgebaut wird. Die Bauform par excellence für die Verbindung von Bühne und Zuschauer war die ‹Parabase› (das «Herantreten»), ein Chorlied, in dem der Chor dem Publikum im Namen des Dichters

Erklärungen gab: zum Stück, zum Dichter, aber auch zu seinem eigenen, ja oft phantastischen Kostüm. Die Nachrichten, Fragmente und Stücktitel der Komödien bis in die Zeit des Peloponnesischen Krieges lassen wenig Möglichkeit, genauere Aufschlüsse über einzelne Stücke zu gewinnen. Deutlich scheint, dass die hier vorliegende Form, die ‹Alte Komödie›, bis zum frühen 4. Jh. existierte, sich dann aber wandelte, zur ‹Mittleren Komödie› (die – vielleicht – einen besonderen Fokus in Mythenparodien aufwies), die ihrerseits um die Mitte des 4. Jh. zur ‹Neuen Komödie› mutierte (S. 61), die die Form eines ‹bürgerlichen Lustspiels› etablierte, die in Rom rezipiert und von Rom an das Theater der Neuzeit weitergegeben wurde.

2. Die Tragödie als politische Kunst: Phrynichos und Aischylos

Phrynichos und die politische Bedeutung der Tragödie

Ist die Tragödie des 6. Jh. nur schemenhaft erkennbar, so bessert sich die Situation mit dem frühen 5. Jh. Phrynichos (dessen erster Sieg in die 67. Olympiade, d. h. in die Jahre 511/08, fällt), Pratinas, der ‹Erfinder› des Satyrspiels, und schließlich Aischylos sind neben dem weiter aktiven Choirilos erkennbare Akteure in der Tragödienkunst. Für einen Paukenschlag sorgte Phrynichos in den späten 90er Jahren. Er brachte eine Tragödie über den Fall von Milet auf die Bühne. Herodot (6,21,2) notiert dazu: «[...] es brach das Theater in Tränen aus und bestrafte ihn, weil er sie an eigenes Unglück erinnert habe, zu einer Strafe von 1000 Drachmen, und es ordnete an, niemand dürfe dieses Stück fernerhin benutzen.» Wie konnte es zu diesem ersten ‹Theaterskandal› der Geschichte kommen? 500/499 hatten sich die ionischen Städte Kleinasiens unter der Führung Milets gegen die Perser erhoben – ein Unternehmen, das angesichts der riesigen Macht des Perserreiches nicht klug war. Die Aufständischen hatten um Verbündete in Griechenland geworben. Sparta lehnte ab. In Athen hatte man vor der Volksversammlung mehr Glück. Sie beschloss leichtsinnigerweise, den Aufstand mit zwanzig Schiffen zu unterstützen. Der Aufstand scheiterte, Milet wurde 494 von den Persern völlig zerstört. Damit war die Stadt ausgelöscht, die seit dem 8. Jh. ‹das› intellektuelle Zentrum der griechischen Welt gewesen war. Nun schickten sich die Perser zu einer Strafexpedition an, um die Unterstützer des Aufstands in Griechenland zu vernichten. 490 würde Athen an der Reihe sein.

In dieser Lage ein Stück *Der Fall von Milet* bei den Dionysien aufzuführen, könnte ein Versuch sein, den Widerstandswillen der Athener angesichts des Menetekels in Ionien zu stärken: Die Tragödie des Phrynichos wäre damit ein Instrument der Politik Athens. Doch warum verweigerte sich das athenische Publikum dem Stück so drastisch? Wollte es keinen verhüllten Blick auf das, was ihm drohte? Herodots Erklärung weist in eine andere Richtung. Zwar lag in der Wahl des Stoffes, der der eigenen Zeit entnommen war, etwas Ungewöhnliches. Denn in der Regel thematisierten die Tragödien des 6. und frühen 5. Jh. das, was man modern ‹Mythos› zu nennen pflegt. Doch unterschied die frühgriechische Kultur nicht kategorial zwischen Mythos und Geschichte: Der Trojanische Krieg oder der Argonautenzug waren in ihrer Faktizität ebenso unbestritten wie die Perserkriege. Im Prinzip galt für dichterische Bearbeitungen dieser Stoffe die Lizenz, sie durch Hinzufügung oder Wegnahme von Figuren sowie durch Veränderung von Motiven der Handelnden so zu bearbeiten, dass das intendierte Aussageziel erreicht wurde. Darin liegt die besondere Leistungsfähigkeit des Mythos, sein Potenzial, eine Erzählung mit einer ‹Anwendungsdimension› sein zu können, allerdings nicht sein zu müssen (dies hat der Gräzist Walter Burkert auf die Formel gebracht, Mythos sei «angewandte Erzählung»). Sowohl für Tragödien, die einen Mythos im modernen Sinne, wie auch für die, die ‹Historie› zur Darstellung brachten, galt daher dasselbe Grundprinzip der Poesie, im je Besonderen das Allgemeine zu sagen. So ist die Ursache für Phrynichos' Scheitern darin zu suchen, dass infolge der zeitlichen wie emotionalen Nähe der auf die Bühne gebrachten Katastrophe just das ästhetische Erleben der Zuschauer im Besonderen verharrte und nicht das darin ausgedrückte Allgemeine auffinden konnte. Das deutet Herodot an, wenn er schreibt: «[...] weil er sie an eigenes Unglück erinnert habe.»

Allerdings zeigt die Geschichte des unglücklichen ionischen Aufstandes zugleich eine Schwierigkeit der in Athen neuen Demokratie, aus dem sich eine viel allgemeinere politische Bedeutung der Tragödie herleiten lässt. Denn die Bürgerschaft, die politische Entscheidungen zu treffen hatte, war schlicht unerfahren. Es fehlten vielen Athenern aus einfacheren Schichten die politischen, historischen und geographischen Kenntnisse, die der Adel traditionell besaß, der über weitgespannte Kontakte und Familienbeziehungen auch über Griechenland hinaus verfügte; die Welt, in der Athen zu agieren hatte, war im Konflikt mit dem Perserreich unerhört groß und entsprechend vielgestaltig geworden; die Entscheidungen, die nun die Volksversammlung traf, setzten das Verständnis der vorausgehenden Debatten, des Gesagten wie auch des Nicht-Gesagten, das Durchschauen von Interessen und das Abschätzen von Konsequenzen voraus. Gerade dies war offensichtlich misslungen, als die athenischen Bürger die Unterstützung des Aufstands beschlossen.

Die Athener, so kann man pointiert feststellen, waren mit den Aufgaben in ihrer neuen Staatsform überfordert. Sie mussten dazulernen, ihren geistigen Horizont und ihre Möglichkeiten, das Neue (und das Alte) zu verstehen, erweitern. Das 5. Jh. war für Athen extrem ereignisreich. Die Stadt musste 490 und 480/79 die Perser abwehren und wurde in der Folge zur Vormacht in der Ägäis; in den 60er und 50er Jahren unterstützte sie waghalsig wie verlustreich einen Aufstand gegen das Perserreich in Ägypten und scheiterte mit dem Versuch, eine Hegemoniestellung auf dem griechischen Festland zu erreichen; im letzten Drittel des Jahrhunderts führte sie einen zunächst erfolgreichen Krieg gegen Sparta und seine Verbündeten (431–421 v. Chr.), überschätzte schließlich aber die eigenen Kräfte und verlor 404 fast alles. Dieses Jahrhundert liest sich als permanenter Lernprozess der athenischen Bürgerschaft. Dieser Prozess ist jedoch nicht allein als das Sammeln von Erfahrung aus Erfolgen oder Fehlschlägen zu begreifen. Vielmehr bereicherten auch die breite

Beteiligung der Bürger an den musischen Darbietungen der athenischen Feste, an denen sie sich als Choreuten mit oft komplexen Texten befassen mussten, und insbesondere das spezifische Erlebnis der Tragödie in ihrer eindringlichen szenischen Form deren ästhetische wie geistige Erfahrungswelten. So war die Tragödie prädestiniert, den intellektuellen Horizont bzw. das, was man die ‹mentale Infrastruktur› der Athener genannt hat (also jene Bereiche des Denkens, die fundamentale Verstehens- und Entscheidungsprozesse und die jeweils zugrundeliegenden Wertsysteme umfassen), zu erweitern.

Der weitere Beitrag der Tragödien des Phrynichos an der Arbeit an der ‹mentalen Infrastruktur› ist nur streiflichtartig erkennbar: 476 führte er unter der Choregie (Kostenübernahme) des Themistokles, dem Athen den Sieg in der Seeschlacht bei Salamis 480 verdankte, die *Phönizierinnen* auf. Dieses Stück behandelte eben das Ereignis Salamis, jedoch nicht aus der Perspektive der griechischen Sieger, sondern mit Blick auf die Verlierer. Der dem Stück den Namen gebende Chor stellte die Frauen der phönizischen Seeleute dar, die über die Katastrophe von Salamis klagen; der Dichter könnte damit versucht haben, in der Deutung der Niederlage – ähnlich wie das später entstandene Geschichtswerk des Herodot – den Menschen als ein ‹Mängelwesen› in seinem Preisgegeben-Sein an unerwartetes Unglück zu zeigen.

Der dunkle Meister: Aischylos

Deutlicher wird die politische Dimension der Tragödie im Werk des Aischylos. Geboren im Jahr 525/4 im attischen Eleusis, beteiligte er sich am Tragikeragon nachweislich seit den frühen 90er Jahren. Den ersten Sieg errang er 484. Die hellenistische Philologie kannte und akzeptierte 90 Dramen als genuin aus seiner Feder stammend. Die Zahl seiner Siege im Agon wird in einer Aischylos-Biographie, die in zahlreichen Handschriften zusammen mit seinen Stücken tradiert ist, mit 13, in der *Suda* mit 28 angegeben. Diese Zahlen von Stücken und Erfolgen zeigen, dass Aischylos einen erheblichen Teil seines Lebens auf das

Dichten von Dramen verwendet hat; man kann ihn als einen Dramatiker im Hauptberuf betrachten, auch wenn der Begriff des Berufs nicht bedeutet, dass er auf Einkünfte aus seinem Dichten angewiesen war – im Gegenteil: Der Umstand, dass er seine Zeit darauf verwenden konnte, zeigt, dass er über genügend Vermögen verfügte, um sich dieses Tun leisten zu können.

Seine Lebensdaten (456/5 soll er auf einer Reise auf Sizilien gestorben sein) machten Aischylos zum Zeugen einer bewegten Zeit: Als Heranwachsender sah er den Sturz der Tyrannen und die Anfänge der Demokratie in Athen, als Erwachsener erlebte er den doppelten Angriff der Perser. 490 hat er für seine Heimat bei Marathon mitgefochten; nach 479 begleitete er den Wiederaufbau der von den Persern zerstörten Stadt und deren Weg zur Vormacht in der Ägäis und war Zeitzeuge, als auf Betreiben des Ephialtes 462/1 der alte Adelsrat der Stadt, der Areopag, entmachtet wurde.

Aufschlussreich ist das von der Aischylos-Biographie überlieferte Grabepigramm, das nicht seine Tragödienkunst rühmt, sondern vielmehr seinen Kampf für die Heimatstadt gegen die Perser bei Marathon. Wenn dieses Epigramm in seiner Konzeption auf Aischylos selbst zurückgeht, zeigt sich darin eine starke Identifikation mit Athen und ein Rollenverständnis, das nicht den Dichter, sondern den Polis-Bürger ins Zentrum stellt. Dies würde indirekt betonen, dass auch das Dichten von Tragödien nicht primär als Verwirklichung des Poeten, sondern als Bestandteil der Bürgerpflicht angesehen wurde. Als Dichter war Aischylos gleichwohl gefragt: Als in den 70er Jahren der Tyrann Hieron von Syrakus die Stadt Aitnai auf Sizilien neu gründete, erhielt er den Auftrag, dies durch eine Art von Festspiel für die Gründungsfeier auszuschmücken: *Die Frauen von Aitnai*. Auch die *Perser* soll er auf Wunsch des Tyrannen in Sizilien wiederaufgeführt haben.

Unter seinem Namen sind sieben Tragödien erhalten: die *Perser* (aufgeführt 472), die *Sieben gegen Theben* (aufgeführt 467), die *Bittflehenden* (griechisch: *Hiketiden*, aufgeführt wohl 463), die *Orestie*, eine Trilogie mit den Stücken *Agamemnon*, den *Choephoren* («Weihgussträgerinnen») und den *Eumeniden* (aufgeführt 458), sowie der *Prometheus* (dieses Stück weicht stilistisch jedoch so deutlich von den anderen Stücken ab, dass seine Echtheit umstritten ist). Hinzu kommen etwa 450 meist kleinere Fragmente aus verlorenen Dramen, teils als (Kurz-)Zitate in erhaltenen Texten, teils über Papyrus-Bruchstücke überliefert, die seit Ende des 19. Jh. zumeist in Ägypten gefunden wurden. Darunter sind auch bemerkenswerte Fragmente aus einem Satyrspiel, aus den *Diktyulkoi* («Netzfischern»), die einen kleinen Eindruck davon vermitteln, warum die Satyrspiele des Aischylos in der Antike ebenfalls hochgeschätzt waren.

Exkurs: Die Überlieferung der griechischen Dramen in der Antike

Dass sieben Tragödien des Aischylos erhalten sind, ist das Resultat eines Kanonisierungsprozesses, der über verschiedene Etappen bis nach Byzanz führte: Dort las man drei Stücke des Aischylos, die sogenannte byzantinische Trias (den *Prometheus*, die *Sieben* und die *Perser)*, in der Schule. Wie es im Einzelnen dazu gekommen ist, dass Aischylos (wie auch Sophokles und Euripides) aus der Vielzahl der Tragödiendichter vom 5. bis zum 1. Jh. v. Chr. zu einer kanonischen Größe wurde, ist nicht genau zu ermitteln. Zweifellos wichtig war die Qualität von Aischylos' Dramen, die die Athener bald nach dessen Tod dazu bewog, ihre Wiederaufführung zuzulassen – eine bedeutsame Entscheidung, da jedes Stück sonst nur einmal gespielt wurde. So blieb die Aischyleische Tragödie im öffentlichen Bewusstsein präsent und wurde zu einem Bezugspunkt, an dem sich spätere Dramatiker abarbeiten konnten (und es auch taten, wie etwa die Neufassung der *Choephoren* in den *Elektra*-Stücken des Sophokles und des Euripides zeigt). Mit der Möglichkeit der Wiederaufführung verband sich jedoch auch ein Problem: Bei derartigen Neuproduktionen wurde weniger auf die Bewahrung des originalen Textes und der Inszenierung der Uraufführung (soweit sich diese überhaupt rekonstruieren ließ) Wert gelegt, sondern vielmehr auf aufführungspraktische Fortschritte, welche Kürzungen, Veränderungen oder sogar Erweiterungen des alten

Textes zur Folge haben konnten. Dieser Prozess (von dem Sophokles' und Euripides' Dramen nicht verschont blieben) führte u.a. dazu, dass ein Bearbeiter den Schluss der Aischylos-Tragödie *Sieben gegen Theben* so erweiterte, dass er auf Sophokles' *Antigone* vorauswies, also entweder eine gemeinsame Aufführung mit dem berühmten jüngeren Stück erlaubte oder dessen Aufführung sogar überflüssig machte. Das ging den Athenern schließlich doch zu weit. Um 330 v. Chr. schritt man gegen derartige ‹Schauspielerinterpolationen› (so der moderne Begriff) ein und ein ‹offizielles› Exemplar mit den – soweit rekonstruierbaren – Originaltexten der drei Tragiker wurde angelegt. Auf diesen Text wurde jeder, der in Athen eines von deren Stücken aufführen wollte, verpflichtet. Dieses ‹Athenische Staatsexemplar› gelangte im 3. Jh. in die Hände der alexandrinischen Philologen, die es bei der Arbeit an ihren Ausgaben der Dramatiker nutzten, freilich zusätzlich auch andere Versionen oder Fassungen der jeweiligen Stücke heranzogen, die ihnen zugänglich waren. Jedoch bedeutet dies nicht, dass die Editionen der Alexandriner, die die Grundlage der mittelalterlichen Tragikerhandschriften darstellen, wirklich authentische Texte gesichert haben. Denn offenbar waren bereits bei der Herstellung des Athenischen Exemplars bestimmte Probleme unlösbar. Oft ließen sich Schauspielerinterpolationen nicht mehr sicher identifizieren. Die alexandrinischen Philologen behalfen sich damit, dass sie als unecht verdächtigte Verse durch bestimmte Zeichen am Rand der Texte kenntlich machten oder Alternativ-Versionen bestimmter Partien gekennzeichnet nacheinander in den Text setzten. In einigen Fällen führte dies im Lauf der Überlieferungsgeschichte dazu, dass derartige Partien oder Verse bei späteren Abschriften nicht mehr tradiert wurden, in anderen Fällen, wie bei den *Sieben* des Aischylos, den *Phönissen* oder dem *Orestes* des Euripides, verschwanden die Kennzeichnungen am Rand, so dass in der mittelalterlichen Manuskripttradition innerhalb des Textes dieser Stücke eigenartige Doubletten oder Erweiterungen enthalten blieben.

Zudem waren manche Stücke, insbesondere aus den frühen Schaffensjahren der Dramatiker, als ein Interesse an deren ‹Anfängerprodukten› erst gering ausgeprägt war, einfach nicht mehr auffindbar. So konnte man zwar aus Ehreninschriften, die Angaben über Dichter, Regisseure und Schauspieler verzeichneten, und dank öffentlicher Archive weitgehend rekonstruieren, wer welche Stücke wann aufgeführt hatte (eine solche Arbeit hatte im späteren 4. Jh. kein Geringerer als Aristoteles unternommen). Doch über diese ‹technischen› Angaben hinaus, man pflegt sie als ‹Didaskalie› zu bezeichnen, hatte man in vielen Fällen keine Texte dieser Stücke mehr. Dies erklärt auch, warum in Alexandria Fehlzuschreibungen vorgenommen wurden: So war urkundlich sicher, dass Euripides ein Stück mit dem Titel *Rhesos* gedichtet hatte. In die alexandrinische Euripidesausgabe wurde auch ein *Rhesos* (er ist bis heute erhalten) aufgenommen. Indes ist dies augenscheinlich eine Tragödie eines anderen Dramatikers, die irgendwann mit dem gleichnamigen Euripideischen Stück verwechselt und so bewahrt wurde. Im Fall der Aischyleischen Werke besteht ein ähnlicher Verdacht gegen den *Prometheus*, paradoxerweise gegen das Stück, das in der Rezeptionsgeschichte das meistgelesene des gesamten Aischyleischen Corpus ist.

Die hellenistische Philologie sammelte nicht nur die Dramentexte, sie bemühte sich auch, diesen Texten eine philologisch gesicherte Gestalt zu geben und durch Kommentare die Verständlichkeit der Werke offen zu halten. War etwa für das Ptolemäer-Reich in Ägypten (und ähnlich für das Königreich Pergamon) die Philologie ein Instrument, die griechische literarische Tradition für die griechischsprachigen Eliten auf verschiedenen Stufen zur Verfügung zu stellen, die sich vom Schulunterricht bis zur privaten Lektüre erstreckten, so erwuchs mit dem Sieg Roms und dem Untergang der Diadochenreiche der griechischen Literatur eine noch fundamentalere Funktion. Denn diese Literatur wurde nach dem Verlust griechischer politischer Machtzentren ein zentraler Bezugspunkt für eine griechische Identität: Hellene zu sein bedeutete, die Literatur zu kennen und im attischen Dialekt des 5. und 4. Jh. (der der eigenen Lebenswirklichkeit so weit entrückt war wie dem 21. Jh. die Sprache Luthers) schreiben und sprechen zu können. Dieser ‹Attizismus› als Anforderung an einen griechischen Gebildeten der Kaiserzeit privilegierte die attischen Dramatiker (besonders übrigens Aristophanes, dessen Stücke in ihrer prallen Lebensgesättigtheit unzählige attische Wörter für Gerätschaften, Speisen und Erlebnisse des Alltags bieten). Am Ende der Antike, als die materiellen Möglichkeiten, die Bibliotheken zu erhalten, schwanden und zudem durch das Christentum die ‹pagane› Literaturtradition in Frage gestellt wurde, blieben je sieben Stücke des Aischylos und Sophokles, zehn des Euripides (zu denen aufgrund eines Zufalls der Überlieferungsgeschichte noch neun weitere kamen) und elf des Aristophanes als kanonisch bewahrt. Es ist unklar, aufgrund welcher Kriterien gerade diese Auswahl getroffen wurde. Gewiss spielte die Schule, die bestimmte Stoffe bevorzugte, eine bedeutsame Rolle; das erklärt die große Zahl von Dramen, die sich aus dem trojanischen oder thebanischen Mythenkreis speisen. Doch dürfte wohl auch die Qualität bestimmter Stücke (so etwa im Fall von Euripides' *Medea* oder *Hippolytos*) ein Faktor bei der Auswahl gewesen sein.

Die Perser: Der griechische Triumph im Spiegel der Unterlegenen

Die Perserkriege und insbesondere der Sieg bei Salamis sind als ‹Erinnerungsorte› für die griechische Identität bis in die Spätantike zentral. So ist es nicht erstaunlich, dass sich unter den kanonischen Dramen des Aischylos auch die *Perser* finden. In ihrer Konzeption ähneln sie Phrynichos' *Phönissen*, da sie nicht vom Sieg und Triumph der Griechen, sondern von der Niederlage und der Reaktion der Unterlegenen handeln.

Das Stück spielt in Susa, der persischen Hauptstadt, in der die Niederlage noch nicht bekannt ist. Es setzt – anders als die meisten griechischen Tragödien – nicht mit einem von einem Schauspieler gesprochenen Prolog, sondern mit dem Einzugslied des Chores, der Parodos, ein. Der Chor stellt persische Greise dar, die als Ältestenrat während Xerxes' Abwesenheit das Reich verwalten. Indem das Stück mit einem Chorlied beginnt, richtet sich die Aufmerksamkeit sogleich auf Persien als

Ganzes, nicht auf einen herausgehobenen Einzelnen. Das Stück benötigt zwei Schauspieler, die die insgesamt vier im Stück auftretenden Figuren (Atossa, ein Bote, Dareios, Xerxes) zu spielen haben.

Die *Perser* weisen eine klare Struktur auf. Abgesehen vom Fehlen des Prologs kann es als Muster für die Bauformen der griechischen Tragödie gelten, die die Dichter freilich nicht starr handhabten, sondern ihren Absichten anpassen konnten. Grundlegend für den Bau einer Tragödie ist eine regelmäßige Strukturierung, die durch die Abfolge von Sprechverspartien und Chorliedern entsteht. So wird eine Tragödie eröffnet durch einen Prolog, «Vorrede» (oft in mehreren Szenen, d.h. Abschnitten, die durch Auftritte und Abgänge von Schauspielern definiert sind), und die Parodos, «Heranweg», das Lied, das der Chor bei seinem Einzug in die Orchestra singt, wo er während des Stückes steht. Beide Teile zusammen geben eine Exposition für das Stück, indem sie sowohl für das Verständnis der Handlung erforderliche Informationen vermitteln als auch dem Stück eine Art von Grundstimmung, zumeist der Sorge und Spannung, geben. Nach der Parodos folgt das erste Epeisodion, wörtlich: «der Darauf-Auftritt», ein meist aus mehreren Szenen bestehender Abschnitt, in dem die Schauspieler auf der Bühne das eigentliche Geschehen zur Darstellung bringen. Diese Schauspielerpartien werden in der Regel in jambischen Trimetern gesprochen, einem sehr flexiblen Metrum, mit dem die Diktion des Dramas der gehobenen griechischen Standardsprache nahekommen konnte. Auf das erste Epeisodion folgt ein Lied des Chores, als Stasimon, «Standlied», bezeichnet – ein Begriff, der wohl vom ‹Standplatz› des Chores in der Orchestra abgeleitet ist. Diese Struktur setzt sich fort: Es folgen das zweite Epeisodion, das zweite Stasimon usw. Eine griechische Tragödie kann bis zu fünf Stasima (und entsprechend fünf Epeisodien) enthalten; den eine Tragödie beschließenden Teil nach dem letzten Stasimon pflegt man als Exodos, «Auszug», zu bezeichnen, womit auf die Konstellation verwiesen wird, dass sich Bühne und Orchestra am Ende durch den Abgang der Schauspieler und des Chores leeren.

Das Bemerkenswerte an den *Persern* ist die darin gebotene Interpretation der Niederlage der weit überlegenen Truppen des Großkönigs, eine Interpretation, die zudem als autoritativ präsentiert wird. Denn sie wird nicht von Menschen, sondern von einem Geist, dem toten Dareios, vermittelt, den seine Witwe Atossa, die Mutter des Xerxes, zusammen mit dem Chor beschwört, als sie von einem Boten von der Katastrophe ihres Sohnes erfahren hat.

Dareios gibt eine Deutung des Geschehens, die in ihrer komplexen Verbindung von menschlicher Schuld und göttlicher Beteiligung paradigmatisch für die Aischyleische Dramatik ist: Denn auf der einen Seite steht die Verantwortung des Xerxes, der sich zum Feldzug verleiten ließ (V. 752–8) und dabei frevlerisch den Hellespont und damit zugleich die Götter durch den Brückenbau beherrschen wollte. Auf der anderen Seite hat sich, so Dareios, nur eine Verheißung der Götter, die die Katastrophe der Perser vorsah, schneller als erwartet erfüllt: «Doch ist einer selbst zu eifrig, trägt ein Gott zum Fall noch bei» (V. 742). Determination («Schicksal») und Eigenverantwortung sind somit verknüpft.

Aischylos greift damit auf zwei grundsätzliche Deutungsmuster zu, die die griechische Literatur für die Stellung des Menschen in der Welt bereithält. Das eine Muster – die *Odyssee* stellt es paradigmatisch dar – besagt, dass der Mensch grundsätzlich für sein Handeln verantwortlich ist und daher bei gutem Handeln belohnt, bei schlechtem Handeln bestraft wird. Das andere Muster zeigt die *Ilias*. Dort ist der Mensch in Erfolg oder Scheitern von den Göttern oder sogar einem noch über den Göttern stehenden Schicksal abhängig. Hektors Tod ist nicht etwa Folge eines von ihm begangenen Vergehens, sondern Resultat einer «Seelenwägung» des Zeus (*Il.* 22,209–10). Beide Muster (zwischen ihnen ein zeitliches Verhältnis im Sinne eines ‹Fortschritts› von *Ilias* zu *Odyssee* erkennen zu wollen, verkennt ihre grundsätzliche komplementäre Bedeutung für die griechische, ja westliche Kultur) haben Stärken wie Grenzen: Mit dem *Odyssee*-Konzept kann ein Sieg, mit dem *Ilias*-Konzept eine Niederlage ‹schonend› gedeutet werden. Literarisch produktiv erweisen sie sich in Kombinationen, wie im Fall der *Perser*, in denen der Gebrauch beider Deutungen die persische Niederlage sowohl – ‹iliadisch› – mit einer universell-schicksalhaften Bedeutung ‹adelt› als auch – ‹odysseisch› – die moralische Verantwortung des Menschen Xerxes herauszuarbeiten hilft.

Am Ende seiner Erklärungen prophezeit Dareios die Niederlage der Perser in der Schlacht von Plataiai, die Griechenland endgültig befreien wird. Dann sinkt der Geist wieder ins Grab. Atossa geht in den Palast. Der Chor singt das 3. Stasimon (V. 852–906), und rühmt in wehmütiger Erinnerung die segensreiche Herrschaft des Dareios. Damit ist der Kontrast vorbereitet, auf dem die Exodos beruht: Der besiegte Xerxes, in zerrissene Kleider gehüllt als Sinnbild seines Falls, tritt auf und beklagt sein und seines Reiches Geschick in einem gewaltigen Wechselgesang mit dem Chor (V. 907–1077), Höhe- und Schlusspunkt des Stückes zugleich.

Ungeachtet des geringen Umfangs der eigentlichen Handlung – also des ‹Dramatischen› im engeren Sinn – sind die *Perser* ein bedeutendes Werk. Denn es leistet viel darin, die Niederlage der Perser vom Verdacht des Kontingenten, Zufälligen zu befreien – nicht jedoch in dem Sinn, dass daraus eine ‹Ideologie› griechischer Überlegenheit über die Barbaren hergeleitet würde (dies wird der späteren griechischen Literatur vorbehalten sein). Vielmehr wird in Xerxes' Katastrophe etwas Allgemeines deutlich: die Gefährdung des Menschen gerade durch sein Vertrauen auf eigene Macht und Möglichkeiten, die ihn – nach Aischylos dann durch Zutun der Götter – den Schritt in den eigenen Untergang tun lässt. Bemerkenswert ist dabei, dass durch diese Darstellung des griechischen Sieges in der persischen Niederlage auch den Athenern deutlich gemacht wird, auf welch schwankendem Grund ihr Erfolg beruht. Dazu gehört auch, dass in der Inszenierung athenische Bürger als Choreuten und Schauspieler die persische Gegenseite zu spielen, also sich mit dieser im Spiel auch zu identifizieren haben. Das Stück – auch dies ist ‹politische Kunst› – fördert damit die Fähigkeit, im unterlegenen Anderen sich selbst sehen zu können.

Die Trilogie als Kompositionsform

Die *Perser* nehmen auch insofern eine Sonderstellung innerhalb der erhaltenen Aischyleischen Dramen ein, als sie für sich allein stehen können. Es besteht keine inhaltliche Verbindung zu den beiden anderen Tragödien, *Phineus* und *Glaukos*, mit denen sie in einer Trilogie aufgeführt wurden. Anders verhält es sich mit den *Sieben gegen Theben*, die den Abschluss einer (Inhalts-)Trilogie boten, in der die Stücke *Laios* und *Ödipus* vorangegangen waren. Auch die *Hiketiden* bildeten mit *Aigyptioi* und *Danaiden* eine Inhaltstrilogie, die die Geschichte der 50 Töchter des Danaos von ihrer Flucht aus Ägypten nach Argos bis zu ihrem Mord an den verhassten 50 Söhnen des Aigyptos, des Bruders ihres Vaters, ausführt. Erhalten ist schließlich mit der *Orestie* eine komplette Trilogie, bestehend aus *Agamemnon*, *Choephoren* und *Eumeniden*. Zudem kann man für eine ganze Reihe von fragmentarischen Stücken ungefähr zehn weitere Inhaltstri- oder wenigstens Inhaltsdilogien annehmen – also ist etwa die Hälfte der Aischyleischen Tragödien in zusammenhängenden Reihen zu denken. Konkret bedeutet dies große Interpretationsprobleme für die *Sieben gegen Theben* und die *Hiketiden*. Bei beiden Stücken bleibt offen, in welchem Umfang jeweils Entscheidungen oder Verantwortungen einzelner Akteure in den vorausgehenden (so im Fall der *Sieben*) oder den nachfolgenden Dramen (so im Fall der *Hiketiden* – noch komplexer ist die Frage, wenn dieses Stück das zweite der Trilogie war) Auswirkungen auf das Gesamtgeschehen oder die Schlusskatastrophe haben.

Aischyleische Entscheidungsszenen

Es ist ein besonderes Merkmal Aischyleischer Schreibweise, die Protagonisten nicht nur in einen unentrinnbaren Zusammenhang des Verhängnisses zu stellen, sondern sie zugleich auch tief reflektieren zu lassen, bis sie sich zu einer Entscheidung durchringen. So muss nicht nur Eteokles in den *Sieben* bestimmen, welchen Thebaner er an welches Tor stellt und ob er dem eigenen

Bruder entgegentritt; auch der argivische König Pelasgos in den *Hiketiden* ist vor die Notwendigkeit gestellt, sich zwischen einer Aufnahme der bittflehenden Danaos-Töchter (was Krieg mit den Aigyptos-Söhnen nach sich ziehen muss) und ihrer Abweisung (was eine Verweigerung gegenüber einer religiös begründeten Schutzverpflichtung bedeutet) zu entscheiden. In einer langen Szene ringt Pelasgos, bedrängt durch die Danaiden, mit sich:

«Nun gilt es, tief zu sinnen um das Heil,/so wie zum Grund des Meers ein Taucher geht/mit sehendem Auge ohne Trunkenheit» (V. 407–9).

Man kann gerade in diesen ‹Entscheidungsszenen› eine Facette der politischen Kunst der Tragödie sehen, eine Darstellung der Schwierigkeiten in Entscheidungsprozessen, ja auch der Aporien, da der Tragiker seine Figuren vor höchst komplexe, implikationsreiche Optionen stellt.

Die Orestie: Von der Rache zur Verfahrensgerechtigkeit

Eine Summe der Aischyleischen Kunst zieht 458 v. Chr. die *Orestie*. Sie steht damit in einer Zeit, als Athen mit einer großen Expeditionsarmee in Ägypten einen Aufstand gegen Persien unterstützte (das Vorhaben würde katastrophal scheitern). Zudem lag die Entmachtung des Areopags erst wenige Jahre zurück. Denn 462/1 hatte der Politiker Ephialtes durch einen Volksbeschluss eine weitgehende Einschränkung der Befugnisse des nach seinem Tagungsort auf einem Fels gegenüber der Akropolis so genannten Areopags durchgesetzt: Dieser in der Hauptsache aus Adligen bestehende Rat verlor seine Kompetenzen der Verwaltungskontrolle und Rechtsprechung an die Volksversammlung und behielt lediglich die Aufgabe der Blutgerichtsbarkeit. Damit war der entscheidende Schritt hin zu einer veritablen Demokratie in Athen getan, freilich verbunden mit inneren Spannungen, die bis zum Mord an Ephialtes führten. Das Schlussstück der *Orestie*, die *Eumeniden*, stellt die mythische Einsetzung des Areopags in seiner neuen, reduzierten Funktion dar: Es scheint unmöglich, darin keinen Kommentar zur neuen Ordnung zu sehen. Doch ist in der Forschung umstritten, ob eine zustimmende oder ablehnende Stimme aus den *Eumeniden* zu vernehmen ist.

Der Stoff der *Orestie* gehört zum Zentrum des griechischen Mythenschatzes: Bereits in der *Odyssee* spielt das unglückliche Geschick des mächtigen Königs Agamemnon eine bedeutende Rolle, der die Griechen im Trojanischen Krieg kommandierte, jedoch nach dem Sieg bei der Heimkehr von seinem Vetter Aigisthos umgebracht wurde, der während der zehnjährigen Abwesenheit des Königs dessen Frau Klytaimestra verführt hatte. Agamemnons Sohn Orestes rächt jedoch diesen Mord, indem er Aigisth und Klytaimestra tötet. In der *Odyssee* wird diese Geschichte wiederholt aufgerufen – so führt sie sogar Zeus (*Od.* 1,32–43) an, um die Gerechtigkeit der Welt zu erläutern. Im 6. Jh. hatte Stesichoros, der die griechische Chorlyrik revolutionierte, indem er seine Chöre riesige balladenhafte Lieder singen ließ, eine *Orestie* verfasst. Aus deren Fragmenten wird kenntlich, dass Klytaimestra eine bedeutendere Rolle als in der *Odyssee* spielte, ihr Tod von Orests Hand zudem problematisiert wurde.

Aischylos' Version greift diese literarischen Traditionen auf, gestaltet sie wirkungsmächtig neu – und provoziert selbst weitere dramatische Bearbeitungen: Sophokles und Euripides werden mit ihren *Elektra*-Stücken neue Versionen der *Choephoren* bieten, Euripides mit der *Iphigenie in Aulis* ein zentrales Motiv aus der Parodos des *Agamemnon* ausgestalten, mit dem *Orestes* und der *Iphigenie bei den Taurern* einerseits die *Eumeniden* überschreiben wie auch zu ihnen eine Fortsetzung verfassen.

Die Wirkungsmacht der *Orestie* hat verschiedene Gründe. Der Zusammenhang der Trilogie ist komplex: Die *Orestie* ‹erzählt› nicht einfach einen Ausschnitt aus dem Atriden-Mythos vom Mord an Agamemnon über den Mord an Klytaimestra bis zur Entsühnung Orests, sondern macht aus diesen drei Geschehnissen einen Zusammenhang, der über die *Eumeniden* in die Zukunft weist, aber auch in die Vergangenheit greift. So ist bereits Agamemnons Tod Resultat vorausgehender (und im Stück nur angesprochener, aber nicht dargestellter) Untaten:

Agamemnons Onkel Thyestes hatte mit der Frau von Agamemnons Vater Atreus die Ehe gebrochen und Atreus zur Vergeltung Thyestes bei einem vermeintlichen Versöhnungsmahl dessen eigene Kinder zur Speise vorgesetzt (nur Aigisthos, Thyestes jüngster Sohn, war dem entronnen); beim Aufbruch der Griechen nach Troja hatten in Aulis widrige Winde die Ausfahrt unmöglich gemacht. Den dafür verantwortlichen Zorn der Göttin Artemis konnte Agamemnon nur dadurch besänftigen, dass er – auf Geheiß des Sehers Kalchas – seine eigene Tochter Iphigenie unter einem Vorwand nach Aulis lockte und sie dort opferte. Agamemnon stirbt daher in doppelter Konsequenz: Aigisth rächt an ihm seinen Vater, Klytaimestra ihre Tochter; in den *Choephoren*, die eine Art Gegenbild zum *Agamemnon* zeigen, setzt sich dieses Vergeltungsprinzip, die ‹Talio›, fort: Orest nimmt Rache für seinen Vater, indem er Aigisth wie auch seine eigene Mutter umbringt. In den *Eumeniden* muss dafür gesühnt werden. Doch das Prinzip der vergeltenden Rache – für das die den Chor des Stückes bildenden Erinyen stehen, die Orestes verfolgen – kommt zu einem Ende: Orestes flieht nach Athen, wo Athene ein Gerichtsverfahren auf dem Areopag vor einer Richter-Jury aus Athenern vorschlägt. Die Erinyen lassen sich auf dieses Verfahren ein. Damit tritt das ‹Verfahrensprinzip› an die Stelle der Vergeltung als Herstellung von Gerechtigkeit. Gegen das Plädoyer der Erinyen wird Orestes freigesprochen, allerdings nur mit einem unentschiedenen Votum der Richter, das erst Athenes Stimmstein herstellt. Es gelingt Athene sogar, die Erinyen, die angesichts ihrer Niederlage Athen mit furchtbaren Konsequenzen drohen, zu beschwichtigen und sie als ‹wohlwollende Göttinnen›, als Eumeniden, für die Stadt zu gewinnen. Mit diesem für Athen triumphalen Schluss ist in der Stiftung des Gerichts ein Verweis auf die Gegenwart gegeben, doch nicht in einer die Tagespolitik kommentierenden Weise. Vielmehr erscheint in der Trilogie eine Neuerung der späten 60er Jahre des 5. Jh. in einer grundsätzlicheren Weise als in der mythischen Vergangenheit geschaffen und ein wesentliches Prinzip der Polis – die Verfahrensgerechtigkeit – dort erfunden zu sein.

Die beiden ersten Stücke der Trilogie haben ihre eigenen Meriten, indem sie mit großer Eindringlichkeit das ‹Alte›, das Racheprinzip und seine mörderischen Konsequenzen, auf die Bühne bringen, die zudem zum Mitspieler wird: Das Haus – der Palast der Atriden – wird zum bedeutungsvollen Ort stilisiert. Eindringlich sind die Figuren gezeichnet: Klytaimestra tötet ihren Mann nicht ‹nur› als Sühne für die tote Tochter; sie plant und führt den Mord mit Intelligenz und Willenskraft durch. In einer großen Szene lockt sie den erhaben auf einem Wagen sitzenden Agamemnon bei dessen Ankunft mit großer Überredungskraft auf einen ausgerollten Teppich, der ihn, wie auf einer Blutspur, ins Haus führt (V. 905–74). Dieser Sieg über den eigentlich sich sträubenden Gatten deutet ihre Überlegenheit an, die der Mord krönt. Vor dem Chor, der schreckenerfüllt und ohnmächtig Ohrenzeuge des Verbrechens war (V. 1331–71; das Chorlied wird durch die Todesschreie des Königs aus dem Haus unterbrochen), bekennt Klytaimestra an den Leichen Agamemnons und der von ihm als Sklavin aus Troja mitgebrachten Kassandra mit Stolz: «Mir war der Kampf wohl vorbedacht schon lang vorher;/der Sieg, der volle, kam, da reif die Zeit fürwahr:/Hier steh' ich, wo ich schlug, bei durchgeführtem Werk/[...]» (V. 1377–9: die Präsentation der Leichen erfolgt technisch durch den Gebrauch des Ekkyklemas, einer rollbaren kleinen Plattform, die aus dem Bühnenhaus herausgefahren werden kann). Klytaimestra zeigt also eine geradezu dämonische Freude und Genugtuung an ihrer Rache, die die schreckliche Tat dramatisch noch plausibler macht. Diese ‹dämonische Mutter› muss Orest töten, mehr gezwungen als wollend. Denn ihm ‹droht› ein Orakelspruch Apolls mit furchtbaren Folgen, sollte er die Tat nicht vollbringen (V. 271–4). Und selbst in der entscheidenden Szene, als Orest seiner Mutter gegenübersteht, muss ihn sein Begleiter Pylades – der nur an dieser einzigen Stelle des Stückes spricht – an Apolls Befehl erinnern, damit Orest die Kraft zur Tat gewinnt (V. 900–3).

Die *Orestie* wirkte auch in formaler Hinsicht als Muster für Aischylos' Nachfolger in der Tragödienkunst. Denn einige ihrer Bauformen wurden fortan immer wieder aufgegriffen und verfeinert. Der hinterszenische Mord an Agamemnon mit dessen Todesschreien wird wiederholt kopiert: in den *Elektra*-Stücken des Sophokles und Euripides, auch im Kindsmord der Euripideischen *Medea*, in dessen *Hekabe* usw. Die List, die in *Agamemnon* und *Choephoren* aufgebaut wird, um die Mordtaten zu ermöglichen, wird fortan als ‹Intrige› zahlreichen Stücken bis hin zu regelrechten «Intrigen-Dramen» ihr Gepräge geben. In den *Choephoren* kehrt Orest aus der Fremde unerkannt nach Argos zurück; vor der Rachetat trifft er auf seine Schwester Elektra: Die Geschwister müssen sich nach Jahren der Trennung zunächst ‹wiedererkennen› (darin wird auch die *Odyssee* rezipiert, die die Rückkehr des Odysseus nach Ithaka mit mehreren Wiedererkennungen verbindet). Die Wiedererkennung – griechisch *anagnorisis* oder *anagnorismos* – gehört fortan zum Formenrepertoire der Tragödie.

Keine Fortsetzung fand die Sprachkunst des Aischylos. Wie aus den wenigen zitierten Übersetzungen seiner Sprechverse bereits kenntlich wird, gebraucht die Aischyleische Tragödie eine hochpoetische, artifizielle Sprache, die oft schwer verständlich ist. Vertrautes wird verfremdet, wenn es etwa in den *Persern* statt ‹Sonnenuntergang› heißt: «als das Licht der Sonne dahinschwand» (V. 377); statt ‹Seeschlacht›: «den Kampf mit schiffigem Schnabelstoß zu führen» (V. 336), statt ‹im Takt rudern›: «den in die Tiefe gehenden Salzschaum nach Befehl schlagen» (V. 397). Noch stärker schlägt sich diese Poetisierung in den lyrischen Partien nieder, die bereits in der Antike bisweilen als unverständlich galten: kühne Wortschöpfungen und -fügungen; Verbindungen von Bildern zu Metapherketten stellen das Verständnis vor große Anforderungen. Aischylos' Lyrik kann aber auch große Einfachheit und Klarheit bedeuten, wie der sogenannte Zeus-Hymnos in der Parodos des *Agamemnon* zeigt, in dem der höchste Gott, der hinter dem gesamten Geschehen steht, gepriesen wird: «Zeus, wer er auch sein mag, ist ihm dies/lieb als Nam' und steht ihm an,/ruf ich so ihn betend an./ Nicht beut mir sich mir sonst Vergleich –/alles wäg ich prüfend ab –/außer Zeus selbst [...]» (V. 160–5).

3. Sophokles: ‹Bessere Menschen als sie es sind›

Ein Leben für die Polis und das Drama

Im Tragiker-Agon des Jahres 468 unterlag – überraschend – der Altmeister Aischylos einem knapp 30-jährigen Neuling: Sophokles. Dieser Sieg ist symptomatisch für das Schaffen des zweiten großen Tragikers, der in seiner gesamten Dramatiker-Karriere nie den dritten Platz im Agon erhielt, der 18 (oder vielleicht sogar 24) Siege im Rahmen der Dionysien feiern konnte. Geboren wurde Sophokles im Jahr 497/6 im Demos Kolonos außerhalb Athens. Auf sein langes Leben – er starb im Frühsommer 406, kurz nach seinem jüngeren Rivalen Euripides – fiel der Glanz eines erfolgreichen Dichters wie auch politisch aktiven Bürgers: Sophokles war nicht nur Zeitzeuge, wie Athen nach den Perserkriegen zur bedeutenden Seemacht und Beherrscherin eines ‹attischen Reiches› aufstieg, er wirkte an diesem Aufstieg sogar mit. Denn er hatte bedeutende Ämter inne: 443/2 war er ‹Hellenotamias›, eine Art Schatzmeister des Attischen Seebundes, von 441 bis 439 Stratege; gemeinsam mit keinem geringeren als Perikles oblag ihm die Niederschlagung des Abfalls der Insel Samos vom Seebund. Wohl 428, also während des Peloponnesischen Krieges, bekleidete er erneut die Strategie. Ferner war er an der Einführung des Kultes des Heilgottes Asklepios in Athen beteiligt. Sophokles erlebte eine auch kulturell blühende Heimatstadt, in der u.a. mit dem Parthenon ein neues religiöses Zentrum entstand, in der zugleich auch – eine Folge der Demokratie – die Macht des Wortes immer größere Bedeutung gewann. Die Redekunst erfuhr einen Aufschwung durch professionelle Redelehrer, die ihr Tun und ihre Möglichkeiten tief reflektierten und damit Traditionen in Frage stellten. Man pflegt diese Entwicklung als Sophistik zu bezeichnen. 411, nach der verheerenden Niederlage der Athener auf Sizilien, die zu einem erheblichen Teil der leichten Manipulierbarkeit der athenischen

Volksversammlung zugeschrieben werden konnte, gehörte Sophokles schließlich dem Gremium der ‹Probulen›, der «Vorberater» an, die sämtliche in die Volksversammlung eingebrachten Anträge zu überprüfen hatten. Allerdings zeichnete dadurch Sophokles auch mitverantwortlich für den oligarchischen Putsch, dessen Drahtzieher die Demokratie 411 für kurze Zeit stürzten. Als er starb, war Athen in höchster Not: Belagert von den Truppen des Peloponnesischen Bundes, stand es kurz vor der Kapitulation. Lysander, der Kommandeur der feindlichen Truppen, fand sich für die Bestattung des Dichters außerhalb der Stadtmauern zu einem Waffenstillstand bereit – eine Anerkennung seiner Leistung.

Die öffentlichen Aktivitäten entfaltete Sophokles parallel zu einem reichen Schaffen als Dramatiker: Die bemerkenswerte Zahl von 130 Stücken wurde ihm von der alexandrinischen Philologie zugeschrieben, was ein kontinuierliches Produzieren von den frühen 60er Jahren bis zu seinem Tod impliziert. Im Zuge dessen zeichnete Sophokles offenbar für einige formale Neuerungen verantwortlich: Er soll den dritten Schauspieler eingeführt und den Chor, wohl aus Gründen der Proportion zu den Schauspielern, von 12 auf 15 Choreuten vergrößert haben. Zudem wird ihm die ‹Bühnenmalerei› zugeschrieben, d. h. eine stärkere illusionistische Ausgestaltung des Bühnenhauses, das damit deutlicher als Palast, Höhle oder Tempel kenntlich wird. Leider ist eine für ihn bezeugte Schrift «Über den Chor» verloren, doch zitieren antike Autoren interessante Selbstaussagen des Dichters über seine eigene Kunst: So notiert Aristoteles (*Poetik* Kap. 25, 1460b32), Sophokles habe gesagt, er schaffe die Menschen, wie sie sein sollten, Euripides dagegen, wie sie seien. Plutarch vermerkt (*Moralia* 79B) Sophokles' *dictum*, er habe sich zuerst an der schwülstigen Schreibweise des Aischylos, sodann an dem Harten und Gekünstelten seiner Kompositionsweise orientiert, schließlich jedoch eine Sprachform gefunden, die sich am stärksten am Charakter anlehne und die beste sei.

Eine solche Entwicklung lässt sich in den Dramen kaum nachvollziehen, was der Überlieferungslage geschuldet ist. Nur sieben Tragödien des Sophokles sind erhalten. Von diesen können lediglich zwei exakt datiert werden: Der *Philoktetes* wurde 409, der *Ödipus auf Kolonos* 401 – fünf Jahre nach dem Tod des Dichters – aufgeführt. Von den verbleibenden fünf Tragödien ähneln sich drei: *Aias*, *Trachinierinnen* und *Antigone* in einer ‹Diptychon-Struktur›, d. h. sie sind zweigeteilt: Die zentrale Figur des Stückes – Aias, Deianeira (die einsame Frau des Herakles), Antigone – ist nur im ersten Teil der Tragödie präsent, der zweite Teil hat die Auseinandersetzung um ihren Tod zum Gegenstand. Aufgrund der antiken Notiz, Sophokles sei wegen der *Antigone* zum Strategen im Samischen Krieg gewählt worden, kann man schließen, dass die *Antigone* vor 441 (vielleicht 442, möglicherweise früher) aufgeführt worden ist. Wenn die Diptychon-Struktur auch eine zeitliche Zusammengehörigkeit der Stücke bedingt (was aber nicht sicher ist), zudem der *Aias* am altertümlichsten unter den erhaltenen Stücken wirkt, dann kann man vermuten, dass die drei Stücke im Zeitraum von ca. 450 (*Aias*) über die Mitte oder das Ende der 40er Jahre (*Antigone*) bis in die frühen 30er Jahre (*Trachinierinnen*) entstanden sind. Daran könnte sich der (*König*) *Ödipus* anschließen (wohl Ende der 30er Jahre; ein Bezug des Stückes auf die Pest, die Athen zu Beginn des Peloponnesischen Krieges heimsuchte, ist eher abwegig). Die *Elektra* schließlich dürfte, wie auch das gleichnamige Euripideische Stück (das zeitliche Verhältnis der beiden Werke zueinander ist umstritten), nach 420 verfasst sein.

Sophokleische Charaktere

Sophokles' Kunst, dies hat man bereits in der Antike bemerkt, liegt in der Schaffung von Charakteren (im modernen Sinn), deren Eigenheiten er durch feine sprachliche Nuancen deutlich zu machen wusste. Ferner entwirft er seine Figuren – im Sinne der von Aristoteles zitierten Selbstaussage – mit einem gewissen Zug zur Idealisierung. Nach menschlicher Schwäche, Kleinheit oder Niedertracht sucht man selbst in den Figuren, die als Gegenspieler der ‹Helden› in den Stücken operieren, vergebens. Das gesamte Personal der Dramen zeigt den Menschen so, «wie er sein sollte.»

Einen Neuakzent gegenüber Aischylos bietet die Sophokleische Dramatik in der Erschaffung von großen ‹Einsamen›, Figuren, die aus je verschiedenen Gründen gegenüber ihrer Umwelt isoliert erscheinen: Aias im gleichnamigen Stück sieht sich durch die Entscheidung der Griechen vor Troja, die Waffen des gefallenen Achill nicht ihm – dem sie als dem nach Achill besten griechischen Kämpfer zustehen –, sondern Odysseus zu geben, so tief in seiner Ehre gekränkt, dass er zur Rache nachts die Griechen im Schlaf töten will, aber, von Athene mit Wahnsinn geschlagen, die Viehherden niedermetzelt. Am Morgen – damit setzt das Stück ein – wieder bei Sinnen, erkennt er seine Lage, die durch den Fehlschlag seiner Rache noch größere Entehrung. Er begeht Selbstmord; der Schlussteil des Stückes handelt von dem Ringen seiner Angehörigen, den Leichnam bestatten zu dürfen, dem Agamemnon und Menelaos dies verweigern wollen. Ein archaisch-aristokratisches Ehrgefühl und ein besonders starrer, unbeugsamer Charakter sind die Eigenschaften des Aias, die ihn in eine ausweglose Situation bringen, die er nur noch durch den Freitod auflösen kann. In den *Trachinierinnen* versucht die einsam in Trachis (Frauen aus diesem Ort bilden den dem Stück den Namen gebenden Chor) auf ihren Ehemann Herakles wartende Deianeira dessen Liebe durch einen Zauber zu bewahren; doch indem sie ein Hemd mit dem von ihr zu diesem Zweck bewahrten Blut des Zentauren Nessos bestreicht und es ihrem Mann schickt, vergiftet sie ihn damit, ohne es zu wissen. Auch sie bringt sich um, als sie ihren Fehler bemerkt. Im Fall Deianeiras liegt die Einsamkeit in einer (sozialen und zugleich emotionalen) Verlassenheit einer alternden Ehefrau, die im Versuch, diese Verlassenheit zu überwinden, die Katastrophe erzeugt. In eine Beinahe-Katastrophe führt die *Elektra*, in der die Titelheldin verzweifelt auf die Rückkehr ihres Bruders Orest und die Bestrafung von Klytaimestra und Aigisth wartet. Dieser kommt, doch arbeitet seine Intrige damit, den Mördern des Vaters vorzugaukeln, Orest sei tot und er überbringe die Asche der Leiche; dies muss Elektra mitanhören, und in tiefer Verzweiflung ist sie gewillt, nun allein und unter Inkaufnahme des eigenen Todes den Vater zu rächen. Erst jetzt kommt es zur Anagnorisis, und die Rache nimmt ihren Gang, freilich mit der gegenüber Aischylos bemerkenswerten Veränderung, dass der Muttermord nicht problematisiert wird. Die Einsamkeit der Elektra ist zugleich die prinzipielle Handlungsunfähigkeit der Frau im Sozialgefüge der griechischen Familie, das der Frau eine Passivität, ein Warten zuweist, mit dem das Stück arbeitet. Im *König Ödipus* ist der Titelheld eine Figur, die ihre soziale Stellung als Herrscher von Theben und die daraus erwachsende Verantwortung, eine Pest von der Stadt abwenden zu müssen, bereits in eine einsame Position rückt, die sich durch seine ‹Detektivarbeit›, die Suche nach dem Mörder seines Vorgängers Laios, verstärkt. Die ‹Aufklärung› belastet ihn mit Vatermord und Inzest – eine größere soziale und rituelle Vereinsamung ist kaum denkbar. Im *Philoktet* ist der Titelheld ein Ausgestoßener: Wegen einer schwärenden Wunde am Fuß haben die Griechen auf der Fahrt nach Troja Philoktet auf der – als einsam präsentierten – Insel Lemnos ausgesetzt, wo er zehn Jahre mühsam und unter Schmerzen überlebt hat. Nun – damit beginnt das Stück – müssen ihn Odysseus und Neoptolemos, der Sohn des gefallenen Achill, nach Troja holen, weil ohne ihn und seinen Bogen die Stadt nicht eingenommen werden kann. Welcher deformierende Hass auf die Gemeinschaft, die ihn ausgestoßen hat, in Philoktet waltet und wie er scheinbar unüberwindbar ist, zeigt dieses Stück plastisch. Im *Ödipus auf Kolonos* wird schließlich der Titelheld in einem ähnlichen Ausgestoßensein aus Theben gezeigt: Blind und bettelnd, von seiner Tochter Antigone geführt findet er schließlich in Attika Aufnahme und auf dem Kolonos ein Grab.

Die Antigone: Die Einsamkeit des Helden

Die Technik der Isolierung einer Figur ist also für die Sophokleische Tragödie ein wichtiges Instrument – ein Charakter wird freigelegt, indem er aus der Gemeinschaft (und deren Normen) herausgelöst wird. Besonders deutlich zeigt dies die *Antigone*. Denn darin entfernt sich die Titelheldin aus der Gemeinschaft, in der sie steht, aus Familie und Polis. Denn sie sieht sich in der

Pflicht, den toten Bruder Polyneikes, der als Angreifer auf Theben im Zweikampf mit dem nun ebenfalls toten anderen Bruder Eteokles gefallen ist, entgegen dem Gebot des neuen Herrschers von Theben, ihres Onkels Kreon, zu bestatten. Die heimliche Durchführung der Bestattung misslingt, Antigone wird dabei verhaftet, vor Kreon geführt und von diesem nicht direkt zum Tod verurteilt. Doch die angeordnete Einkerkerung in ein Felsverließ bedeutet den Tod durch Verdursten oder Verhungern. Antigone kommt dem durch Selbstmord im Verließ zuvor. Dieser Selbstmord vereitelt auch den Versuch Kreons, sie wieder zu befreien. Denn während sein Sohn Haimon – er ist mit Antigone verlobt – ihn noch nicht umstimmen kann, bewegt ihn schließlich die drohende Mahnrede des blinden Sehers Teiresias zum Einlenken. Doch da er erst den misshandelten Polyneikes beisetzt, kommt er zu spät zum Verließ. Vor ihm hat bereits Haimon die tote Antigone gefunden. Er verwünscht den Vater und tötet sich vor dessen Augen selbst, und als Kreons Frau hiervon erfährt, bringt auch sie sich um. So steht am Ende des Stücks die Katastrophe Kreons, was mit Blick auf die Gesamtökonomie der *Antigone* immer wieder die Frage aufgeworfen hat, ob nicht de facto eine Tragödie Kreons oder wenigstens eine Doppeltragödie vorliegt.

Freilich bezieht Kreon im Stück zunächst eine achtbare Position, will er doch für Stabilität in der vom Angriff schwer getroffenen Polis sorgen. In einer ‹Thronrede› (V. 162–210) legt er die Grundlinien seiner Politik dar: Ihm ist das Wohlergehen der Polis höchstes Ziel, wer dagegensteht, ein Feind. Dies ist eine plausible Maxime, doch Kreon leitet aus ihr die nachträgliche Bestrafung des Polis-Feindes Polyneikes her, der nicht bestattet werden dürfe. Diese Strafe schießt nach den Maßstäben des 5. Jh. über ihr Ziel hinaus. Gebräuchlich war durchaus, Polis-Feinde mit einem Bestattungsverbot zu bestrafen – in der Heimat, aber nicht grundsätzlich. So gab es an den Grenzen Attikas Bestattungsunternehmer, die Leichen, die nicht in Attika beigesetzt werden durften, anderswo begruben. Polyneikes aber soll vor Theben von Vögeln und Hunden gefressen werden (V. 205–6). Dagegen rebelliert Antigone, auch um den Preis, nicht nur in der Polis isoliert zu sein, die der ihr verständnislos gegenüberstehende Chor aus älteren Männern repräsentiert: In V. 471–2 erkennt der Chor in ihr «die schroffe Art des schroffen Vaters»; als sie in das Verließ geführt wird, begleitet sie der Chor in einem Wechselgesang (Amoibaion), in dem er keine Sympathie oder tieferes Verständnis aufbringt. Statt Trost zu spüren, muss Antigone konstatieren: «Weh mir! Man lacht meiner!» (V. 839). Auch von ihrer Schwester Ismene, die die (verbliebene) Familie repräsentiert, entfernt sich Antigone. Bereits ihr Gespräch im Prolog erzeugt eine Kluft, die Antigone auch später, als sich nach ihrer Verhaftung Ismene mit ihr solidarisieren will, nicht mehr überbrückt und Ismene sogar absichtlich kränkt (V. 543), um allein in den Tod zu gehen. Dass also Antigone etwas Schroff-Hartes innewohnt, ist unübersehbar. Jedoch bedeutet dies nicht, dass ihr Anliegen, den Bruder zu bestatten, falsch wäre. Ihren Verweis auf die ‹ewigen, göttlichen Gesetze› (V. 454–5), die ihr Handeln stützen, erweist das Stück insgesamt als vollauf berechtigt.

Dass Kreon zu lange auf seinem Gebot besteht und dadurch seine eigene Katastrophe heraufbeschwört, ist im Stück plausibel motiviert. Zum einen ‹beschützt› ihn seine Modernität vor einem Einlenken: Hinter seinen Äußerungen steht eine Analyse des Menschen, die in der zweiten Hälfte des 5. Jh. von hoher Aktualität ist. Habgier und Ehrgeiz bestimmen danach den Menschen, und so sieht Kreon, bevor Antigone gefasst wird, eine Verschwörung oppositioneller Kreise der Polis gegen sich am Werk (V. 280–314), bei der Geldgier und Bestechung eine zentrale Rolle spielen (V. 302–3, 1032–47). Gegenüber Antigone kommt schließlich noch der Gender-Aspekt hinzu: Nicht allein der Umstand, dass gegen sein Gebot verstoßen wurde, verhärtet Kreon; auch dass dies eine Frau getan und offen bekannt hat, bringt ihn gegen sie auf: «Da wäre wahrlich ich kein Mann, sie wäre Mann,/wenn straflos solcher Übermut frohlocken darf» (V. 484–5).

Man kann damit in der *Antigone* eine Problematisierung des Verhältnisses zwischen religiösen und sozialen Traditionen, an denen Antigone orientiert ist, und einem modernen Weltzugang sehen, für den Kreon und seine auf Maximen und ‹moderne› Psychologie gestützte Politik stehen. In diesem Sinn ist auch das wohl berühmteste Chorlied der griechischen Tragödie zu lesen, das 1. Stasimon der Antigone (V. 332–83): «Vieles ist ungeheuer, nichts/ungeheurer als der Mensch [...].» – *Pollà tà deinà koudèn an-/thrópou deinóteron pélei* [...].

Kriminalistische Satyrn: Die Ichneutai

Einen Kriminalfall hat das Sophokleische Satyrspiel zum Gegenstand, von dem infolge eines Papyrusfundes am meisten erhalten ist, die *Ichneutai*, «Spürhunde». Wo innerhalb des Sophokleischen Schaffens dieses Stück zu lokalisieren ist, kann nicht festgestellt werden. Es fußt auf einem u. a. im homerischen *Hermes-Hymnos* thematisierten Stoff, auf der Geschichte, wie Hermes, der Gott der Diebe und Händler, bereits kurz nach seiner Geburt seinen ersten Diebstahl begeht. Er entwendet eine Rinderherde, die seinem Bruder Apoll gehört, und versteckt sie in einer Höhle, wobei er listigerweise die Kühe rückwärts in die Höhle gehen lässt, so dass ihre Spuren vermeintlich nach draußen weisen. Apoll kommt ihm jedoch auf die Schliche, aber Hermes verteidigt sich geschickt vor Zeus, u. a. mit seinem Kindsalter, in dem eine solche Tat nicht wahrscheinlich sei. Die Geschichte endet harmonisch: Apoll bekommt seine Rinder zurück und zudem die Lyra, die Hermes inzwischen erfunden hat, Hermes erhält dafür die Syrinx als Gabe. Der Sophokles-Papyrus (etwa 400 Verse des Stückes sind erhalten) setzt mit Apolls Fahndung nach seinen Rindern ein. Er setzt eine Belohnung für die Auffindung aus, die Silen, den Vater der Satyrn, die im Satyrspiel den Chor bilden, dazu treibt, sich mit seinen Kindern auf die Suche zu begeben. Diese nehmen wie Spürhunde (daher der Name des Stückes) die Suche auf. Sie finden die Höhle, doch sind sie von den Spuren verwirrt, und das ungewohnte Saitenspiel, das aus der Höhle tönt, macht ihnen Angst. Die hier erkennbare Charakteristik der Satyrn: Gier (nach der Belohnung), Dummheit, Ängstlichkeit – in anderen Stücken kommt eine beachtliche Geilheit hinzu – weist auf die Grundanlage eines Satyrspiels. In einen ‹normalen› Mythos, der durchaus ernst sein kann, wird durch den Satyrchor und Silen ein Element lustiger Verfremdung, eine Betonung der Leiblichkeit, hineingetragen, die der dargestellten Geschichte eine bisweilen unerwartete lustige Dimension verleiht. Das Satyrspiel gibt so der tragischen Tetralogie einen heiteren Abschluss.

4. Euripides: Neue intellektuelle Herausforderungen

Der sensible Verkannte: Euripides

Mit den Dramen des 484 oder 480 geborenen Euripides verschiebt sich nochmals der Fokus der Tragödie. Das von Aristoteles überlieferte Wort des Sophokles, Euripides habe Menschen gedichtet, wie sie seien (S. 34), umreißt prägnant die Schreibweise des jüngsten der drei großen Tragiker. Woraus sich das spezifische Interesse am Menschen, «wie er ist», speiste, kann nur vermutet werden. Teils mag es mit den historischen Verhältnissen in Verbindung stehen, die die Jugend und frühen Mannesjahre des Euripides prägten: Athen war nicht länger nur Vorkämpferin gegen die Perser, es hatte inzwischen ein veritables Seereich errichtet, das aggressiv – dies zeigt der Samische Aufstand – gegen Versuche vorging, es zu verlassen. In der athenischen Expansion waren nicht nur Erfolge, sondern auch herbe Rückschläge zu verzeichnen. Ein großes Truppenkontingent war 455 beim Versuch, ägyptische Aufständische gegen die Perser zu unterstützen, zugrunde gegangen. Ein Ausgreifen nach Mittelgriechenland scheiterte verlustreich. Zudem mochte immer deutlicher werden, welche Risiken mit den durch die Sophistik gewonnenen intellektuellen und moralischen Spielräumen des (zumeist aristokratischen) Individuums verbunden waren. Der berühmte Satz des Protagoras: «Der Mensch ist das Maß der Dinge» bedeutete nicht nur Emanzipation von der eigenen Unmündigkeit, sondern auch Öffnung für das amoralische Gesetz des Stärkeren. Dass von 431 an der Peloponnesische

Krieg, als ‹gewaltsamer Lehrer›, beschleunigte und verdeutlichte, was sich in den Jahrzehnten davor in Athen entwickelt hatte, nimmt die Euripideische Tragödie wie ein Seismograph wahr und spiegelt das Resultat in der dramatischen Umsetzung.

Im Gegensatz zu Sophokles verlief das Leben des Euripides ohne deutliches politisches Engagement. Für seine Biographie allein bedeutsam erscheint sein Wirken als Dramatiker. 78 seiner Stücke kannte die alexandrinische Philologie, vielleicht waren es insgesamt 92. Im Jahr 455 nahm er zum ersten Mal am Tragiker-Agon teil, er wurde Dritter, d.h. Letzter. Auch wenn er ein halbes Jahrhundert lang bis zu seinem Tod 407/6 weiter Dramen schrieb und zum Agon zugelassen wurde, war sein Erfolg in der öffentlichen Gunst gering im Vergleich mit Aischylos oder Sophokles. Zu Lebzeiten hat er nur viermal den ersten Platz errungen (zuerst 441), ein fünftes Mal postum mit den Stücken *Iphigenie in Aulis*, *Alkaimon in Korinth* und den *Bakchen*. Gleichwohl wurde er von den Zeitgenossen als interessant, ja bedeutend eingestuft, wie die Parodien zeigen, die Aristophanes in einigen Komödien auf Eigenheiten der Euripideischen Dramatik schreibt, wie auch die – in ihrer Historizität nicht sichere – Nachricht zeigt, er sei, wohl 408, an den Hof des Makedonen-Königs Archelaos eingeladen worden. Dort soll er auch gestorben sein, der anekdotisch-biographischen Tradition zufolge von Hunden zerrissen.

Die Rezeption hat dagegen Euripides gegenüber Aischylos und Sophokles privilegiert. Insbesondere die Dramen seines Spätwerks, in denen der Zufall (oder positiv gewendet das Glück), griechisch *tyche*, und die Wiedererkennung die Kinder und Eltern (so im *Ion*), Ehegatten (so in der *Helena*) oder Geschwister (so in der *Iphigenie bei den Taurern*) unverhofft wieder zusammenführen und die zudem häufig einen glücklichen Ausgang haben, sind von der ‹Neuen Komödie› breit rezipiert worden (S. 62). Euripides' Sprachkunst, die den jambischen Trimeter, aber auch die lyrischen Partien, virtuos für eine der gehobenen Umgangssprache nahe Diktion nutzt, hat seinen Dramen einen sicheren Platz im Schulkanon verschafft, und die Annäherung der heroischen Figuren des Mythos an die Probleme eines ‹bürgerlichen› Alltags machte die Dramen zur attraktiven Lektüre in hellenistischen Städten und der Bildungswelt der römischen Kaiserzeit. So sind nicht nur mehr und aussagekräftigere Papyrusfunde Euripideischer Dramen (*Antiope*, *Alexandros*, *Erechtheus*, *Hypsipyle*, *Kresphontes*, *Kreter*, *Phaethon*), sondern auch insgesamt 19 Stücke erhalten (darunter allerdings der nicht von Euripides verfasste *Rhesos*). Diese Dramen sind z. T. durch Angaben in den ihnen beigegebenen Inhaltsangaben (griechisch: *hypothesis*) sicher datierbar, z. T. durch eine spezifisch Euripideische Eigenheit im jambischen Trimeter (im Laufe der Zeit nimmt die Anzahl der aufgelösten Längen pro Vers zu) in ihrer relativen Stellung im Werk bestimmbar. Dies führt zu folgender Reihe von Stücken: *Alkestis* (438), *Medea* (431), *Herakliden*, *Hippolytos* (428), *Andromache*, *Hekabe*, *Hiketiden*, *Elektra*, *Herakles*, *Troerinnen* (415), *Taurische Iphigenie*, *Ion*, *Helena* (412), *Phönissen*, *Orestes* (408), *Bakchen* (postum), *Aulische Iphigenie* (postum). Hinzu kommt das Satyrspiel *Der Zyklop*, das sich als Einzelstück seiner Gattung nicht sicher einordnen lässt; wohl gehört es zum Spätwerk.

Durch diese günstige Überlieferungslage zeigt die Euripideische Dramatik ein wesentlich breiteres Themenspektrum als die Corpora der beiden anderen Dichter. So finden sich sowohl stark ‹patriotische› Stücke (*Herakliden*, *Hiketiden*), die das mythische Athen für das Eintreten von Verfolgten und Unterdrückten feiern, wie auch Dramen, die auf der Grenze zur Komödie balancieren. So wird in der *Helena* eine Version des Mythos aufgerufen, nach der die Titelheldin sittsam in Ägypten statt in Troja war und dort von Menelaos, der in Troja nur ein Trugbild wiedergewonnen und auf der Rückfahrt in Ägypten Schiffbruch erlitten hat, angetroffen wird. Nur mit einer Intrige gelingt es beiden, dem ägyptischen König, der in Helena verliebt ist, zu entfliehen. Ähnlich glücklich endet die *Taurische Iphigenie*, in der Orestes seine Schwester, die vermeintlich in Aulis geopfert worden war, wiederfindet und nach Griechenland zurückbringt. Ferner finden sich wahrhaft finstere Stücke: die *Hekabe*, in der die Titelheldin, ehemals Königin von Troja, als Kriegsgefangene den Tod noch weiterer Kinder erleben muss und zu einer grausamen Rache an einem verräterischen ehemaligen Verbündeten schreitet; diese Tat lässt sie zugleich inhuman erscheinen. Die *Troerinnen* bieten ein Panorama der Hoffnungslosigkeit, das die überlebenden Frauen von Troja in der Gefangenschaft umgibt. Die *Andromache* zeigt das traurige Los der Witwe Hektors als Sklavin der Griechen. Einige Stücke bieten Szenen einer Ehe: In der *Medea* wird die Titelheldin von ihrem Mann Jason treulos (und mit einer sophistischen Verteidigung, *Med.* 522–75) zugunsten einer besseren Partie verlassen – sie rächt sich, indem sie die neue Braut und die gemeinsamen Söhne tötet. Auch dieses Stück stellt die Frage, wie stark die Rache der Frau diese selbst zerstört, auch wenn sie am Ende in einer vermeintlichen Apotheose mit einem Drachenwagen davonfliegt. Im *Hippolytos* wird der Titelheld mit der lange unterdrückten Liebe seiner Stiefmutter Phaidra konfrontiert, die er barsch zurückweist. Sie bringt sich daraufhin um, hinterlässt aber einen Abschiedsbrief, darin sie Hippolytos der versuchten Vergewaltigung bezichtigt. Theseus, Phaidras Mann und Hippolytos' Vater, findet den Brief und verflucht den Sohn, der infolge dieses Fluchs durch Poseidon getötet wird. Gerahmt wird dieses Geschehen durch einen Götterzwist: Aphrodite, die sich von Hippolytos' einseitiger Verehrung der Artemis gekränkt fühlt, entwirft im Prolog des Stückes den Plan, ihren Verächter durch die Liebe der Phaidra zu Fall zu bringen, wogegen Artemis am Ende des Stückes als Dea ex machina Theseus über seinen Irrtum aufklärt und Rache an Aphrodite ankündigt. Wieder anders problematisiert die *Alkestis* die Ehe – dieses Stück wurde offenbar 438 statt eines Satyrspiels in der Tetralogie aufgeführt: Darin kann Admet, König von Thessalien, als besondere Vergünstigung sein Leben verlängern, wenn jemand anderes für ihn stirbt. Als sein Tod naht, ist nur seine Gattin Alkestis zu diesem Opfer bereit, das er annimmt, wie das Stück zeigt. Auch wenn es scheinbar ein glückliches Ende gibt, weil Herakles, der Gastfreund des Admet, Alkestis dem Tod wieder abringt, bleibt die Frage offen, ob Admet, weil er das Opfer seiner Frau annimmt, dieses wirklich verdient.

Schwache Männer – Starke Frauen

Ein Charakteristikum der Euripideischen Schreibweise stellt die Schwäche der männlichen ‹Helden› dar. Im Gegensatz zu den schroffen Sophokleischen Gestalten, die trotzig im Konflikt mit ihrer Umwelt stehen und diesen Konflikt ‹aushalten› können, selbst wenn sie dabei zugrunde gehen, ‹zeichnet› die Euripideischen Männerrollen oft eine eigentümliche, jedoch stets nur zu gut verständliche Ängstlichkeit aus. In der *Alkestis* nimmt Admet nicht nur das Opfer seiner Frau an, er scheut sich auch, als Herakles vor seiner Tür erscheint, diesem offen mitzuteilen, dass er gerade seine Frau verloren hat und daher aus Pietät nicht die gewohnte Gastfreundschaft bezeugen kann. In der *Medea* macht Jason gegenüber seiner Frau, die viel für ihn geopfert hat, gerade deswegen eine schlechte Figur, weil er seinen Ehebruch mit der Prinzessin von Korinth als günstige Fügung für alle darstellen will (V. 546–54). In der *Elektra* erwartet die Titelheldin einen heroisch nach Argos zurückkehrenden Orest, der Agamemnon rächen wird. Doch Orest kehrt – entgegen der Hoffnung der Schwester – nachts unerkannt und heimlich, Ausdruck seiner Schwäche, ins Land zurück (V. 82–111, anders *Elektra* V. 523–6). Bis ins Spätwerk findet sich diese Zeichnung: In der *Aulischen Iphigenie* wagt es Agamemnon nicht, Klytaimestra offenzulegen, dass ihre Tochter Iphigenie für den Feldzug gegen Troja geopfert werden muss (V. 539–40). Diesen schwachen Männern stehen oft starke Frauen gegenüber: Alkestis, die für ihren Mann stirbt, Medea, die im gleichnamigen Stück allen Männern, die auftreten, intellektuell überlegen ist, Phaidra im *Hippolytos*, die lange ihrer unglücklichen Liebe zum Stiefsohn trotzt, Hekabe, die sich auch nach Trojas Fall und dem Verlust ihrer Stellung unbarmherzig rächt, Helena, der gegenüber im gleichnamigen Stück ihr Mann Menelaos wie ein Tölpel erscheint. Junge Menschen erscheinen dagegen in fast rührend-naivem Idealismus: So ist nach anfänglichem Entsetzen Iphigenie in Aulis bereit, sich für den Zug nach Troja stolz zu opfern, in den *Phönissen* setzt der junge Menoikeus sein Leben ein, um seine Heimatstadt Theben zu retten, obwohl ihm sein Vater

Kreon eine heimliche Fluchtmöglichkeit eröffnet. Selbst die junge Hekabe-Tochter Polyxena geht gefasst und mit Würde in der *Hekabe* in den Tod, den ihr die Griechen zum Opfer für Achill auferlegen. Wiederum merkwürdig angelegt erscheinen Diener als Nebenfiguren: Ihnen legt der Dichter oft tiefe moralische Weisheiten in den Mund, die in Kontrast zur sozialen Position der Figuren stehen.

‹Mit den Nähten kokettieren›

Die Stücke des Euripides spiegeln sehr viel stärker als die Dramen des Sophokles oder Aischylos ihre geistigen Rahmenbedingungen. So wird in ihnen wesentlich deutlicher Gedankengut artikuliert, das man mit der zeitgenössischen Philosophie und Sophistik verbinden kann. Man hat Euripides deswegen geradezu als «Dichter der Aufklärung» bezeichnet. Jedoch verhelfen die Stücke der sophistischen Aufklärung nicht zum Sieg, da sie die entsprechenden Positionen und ihre Konsequenzen in der Regel problematisieren, nicht jedoch ihren Nutzen zu erweisen scheinen: So argumentiert ein Jason in der *Medea* nach allen Regeln sophistischer rhetorischer Kunst – um sein unmoralisches Verhalten zu rechtfertigen. Eine zweite Signatur der Euripideischen Dramatik zeigt sich in der Anlage der Stücke, die bisweilen offen auf ihre ‹Verfertigung› hinweisen. Die Euripideische Kunst verhüllt sich nicht, um z. B. in Dialogen naturalistisch zu wirken, sondern stellt formal ihr Gemacht-Sein aus, indem etwa Stichomythien (Wechselreden) einen fast pedantisch-genauen Sprecherwechsel aufweisen, Rededebatten sich offen als ‹Agon› apostrophieren (*Phönissen* V. 588; *Medea* V. 546; *Hiketiden* V. 428). Die Euripideische Dramatik spricht auf diese Weise den Rezipienten geradezu als Kenner an, und sie ‹spielt› mit seinen Erwartungen. In der *Taurischen Iphigenie* begegnen sich Orest, der mit seinem Freund Pylades ins Taurerland gekommen ist, und Iphigenie als einander Unbekannte. In einer langen Szene (V. 467–768) reden sie miteinander und stehen wiederholt kurz vor dem Punkt, an dem sie – durch Nennung ihrer Namen – sich wiedererkennen könnten. Doch jedes Mal nimmt ihr Gespräch eine – plausible – andere Wendung: Es scheint, als wolle Euripides damit zeigen, wie lange er dramatisch-logisch eine Anagnorisis hinauszögern kann.

Allzu menschliche Götter

In besonderer Weise ist auch die Darstellung der Götter in den Dramen von diesen Eigenheiten geprägt. Im Vergleich zu Sophokles sind in der Euripeischen Dramatik die Götter wesentlich ‹präsenter›. Während Sophokles lediglich einmal im Prolog (Athene im *Aias*) eine wirkliche Göttin erscheinen lässt (die zudem für die Akteure auf der Bühne unsichtbar ist) und einmal vom Deus ex machina (Herakles im *Philoktet*) Gebrauch macht, ‹prologisieren› Götter bei Euripides in fünf Stücken und erscheinen als Deus ex machina sogar in neun Tragödien. Doch bedeutet diese starke Bühnenpräsenz der Götter gerade nicht, dass die Euripideische Dramatik ‹religiöser› ist als die Sophokleische. Im Gegenteil: Die Götter sind ähnlich den Menschen entworfen. Sie sind eifersüchtig (so etwa Aphrodite im *Hippolytos*), geben problematische Befehle (so befindet in der *Elektra* Kastor als Deus ex machina Apolls Anweisung an Orest, die Mutter zu töten, für ‹unweise›, V. 1246). Ja, sie handeln unmoralisch – dem *Ion* liegt eine Vergewaltigung zugrunde, die Apoll der Mutter des Titelhelden angetan hat. Bemerkenswerterweise empfindet Apoll am Ende des Stückes sogar Scham, weswegen für ihn, den eigentlich an den Wirrnissen der Handlung Schuldigen, Athene als Dea ex machina für Ordnung sorgt (*Ion* V. 1557–8). Angesichts so konzipierter Götter ist es nicht verwunderlich, wenn die menschlichen Figuren in den Stücken ihre Mühe mit dem Walten der Götter haben. Die etwa in der *Odyssee* entwickelte Vorstellung einer Welt, in der die Götter für Gerechtigkeit sorgen, scheint immer wieder der Maßstab, den die Menschen bei Euripides aufrufen, so explizit im *Hippolytos*, wo ein Diener beschwörend sagt: «Weiser nämlich als die Menschen müssen die Götter sein» (V. 120). Doch das Stück zeigt das Gegenteil. Wenn man diese Entwürfe der Götter als Ausdruck einer Euripideischen Götterkritik (und Euripides als Propagator eines philosophisch fundierten Glaubens) liest, übersieht man jedoch, dass Euripides die Götter ja in ihrer problematischen Art selbst entworfen hat: Apoll als Vergewaltiger oder die rachsüchtige Aphrodite sind seine Erfindungen. Eine Kritik, die sich ihren Gegenstand erst als eigentlich kritikwürdig zurechtmacht, könnte jedoch nicht ernst genommen werden. So ist es plausibler, in den Euripideischen Göttern wie Menschen Instrumente zu sehen, mit denen alte Geschichten in neuem Licht zeitgemäß erscheinen, d. h. im Licht der Grundannahmen über das Wesen des Menschen im späteren 5. Jh.

Am Schluss Dionysos: Die Bakchen

«Hat nichts mit Dionysos zu tun» – so lautet ein griechisches Sprichwort (Zenobios 5,40), das angeblich entstand, als das Theaterpublikum in Athen feststellte, dass die an Dionysien aufgeführten Dramen Mythen behandelten, die nichts mit dem Gott zu tun hatten, dem zu Ehren die Aufführungen stattfanden. Auch wenn wir von einigen Tragödien wissen, die aus dem Dionysos-Mythos geschöpft waren, ist es doch sonderbar, dass erst eine der spätesten der erhaltenen 33 Tragödien von Dionysos handelt, Euripides' Spätwerk *Bakchen*. Dionysos ist der Gott des Rauschs und der Ekstase, der Verwandlung und des Weines. Er ist buchstäblich als junger Gott gedacht, dessen Mythos zu einem beträchtlichen Teil davon handelt, wie er auf seinem Weg von Asien nach Griechenland Widerstände zu überwinden hat. Da er in den homerischen Epen keine Rolle spielt, wurde er in der Forschung lange Zeit als erst in historischer Zeit in Griechenland eingeführt betrachtet, wohl irrig. Gleichwohl sind die Geschichten, die sich um ihn ranken, Zeugnisse dafür, wie schwierig und kontrovers man sich in Griechenland die Einführung neuer Kulte vorstellte. Athen war in der 2. Hälfte des 5. Jh., auch bedingt durch den weit nach Osten reichenden Seebund, Sammelbecken für neue Kulte; u. a. die Verehrung der Kybele oder des Sabazios konnten sich etablieren. Wie sensibel man auf derlei Neuerungen reagierte, zeigt nicht zuletzt die Anklage, die 399 gegen Sokrates erhoben wurde und u. a. darauf gründete, er führe neue Götter ein. So wird in den *Bakchen* (wohl zwischen 408 und 406 entstanden) ein für Athen aktuelles Thema aufgegriffen. Hinzu mag kommen, dass Euripides während seines Aufenthalts in Makedonien besonders eindringliche Formen des Dionysos-Kults kennenlernte.

Das Stück thematisiert die Einführung des Dionysos-Kults in Theben: Der Gott selbst (verkleidet als Prophet seines eigenen Kults) referiert im Prolog, dass ihm die Heimat seiner toten Mutter Semele die Anerkennung verweigert. Sein Vetter Pentheus, der König der Stadt, stellt sich gegen den neuen Gott, erklärt ihn für einen Scharlatan. Daher hat er, der von Asien, begleitet von einer Schar Mänaden (sie bilden den Chor), kommt, alle Frauen Thebens in Rausch versetzt. Sie sind – dies ist auch Teil des historischen Kultes – in die Berge gezogen, wo sie in der Natur den Kult ausüben. Pentheus versucht demgegenüber die ‹Ordnung› der Stadt zu retten. Mahnungen seines Großvaters Kadmos und des Sehers Teiresias, die u.a. an seine politische Vernunft appellieren und zur Anerkennung des neuen Gottes raten, scheitern. Er lässt den Propheten verhaften. Doch bringt ihn Dionysos dazu, sich in Frauenkleidern mit ihm in die Berge zu begeben, um die Mänaden zu beobachten. Ein Botenbericht teilt die Katastrophe mit: Dionysos verrät den Mänaden den Voyeur, er wird von ihnen, angeführt von seiner eigenen Mutter Agaue, umgebracht. Deutlich wird damit im Stück ein Umschlag von friedlich-idyllisch feiernden zu rasenden, zerstörerischen Mänaden. Das Stück endet (der Text ist unvollständig) mit dem Triumphzug der Agaue, die einen Berglöwen getötet zu haben glaubt. Kadmos, der die Leichenteile des Pentheus aufsammeln muss, bringt sie wieder zu Verstand. Dionysos erscheint als Deus ex machina und erklärt die Tat, den Tod des *theomachos*, des Kämpfers gegen Gott, als berechtigte Rache. Verzweifelt versucht Kadmos mit ihm zu rechten: «Die Götter dürfen in ihrem Zorn doch nicht Menschen gleichen» (V. 1348) – vergebens.

Die Deutung der *Bakchen* scheint besonders schwierig; ist es ein religiöses oder ein anti-religiöses Stück? Der Text bietet für beide Lektüren Anhaltspunkte wie auch Widerstände.

5. Aristophanes: Der geniale «Hanswurst»

Die Alte Komödie: Kratinos und Eupolis

Während die Tragödie durch ihre drei großen Dichter fast durch das gesamte 5. Jh. hindurch eine Blüte erlebte, ist die Zeitspanne, die man als «Goldenes Zeitalter» der (Alten) Komödie bezeichnet hat, beträchtlich kürzer: Sie erstreckt sich von etwa 430 bis 410 – zwanzig Jahre, in denen die später kanonische Dichter-Trias der Alten Komödie die komische Bühne beherrschte. Der älteste der Trias war Kratinos (aktiv seit den späten 50er Jahren, dabei sechsmal an den Dionysien und dreimal an den Lenäen siegreich). Er erlebte offenbar im letzten Jahrzehnt seines Lebens (er starb nach 423) noch einmal einen Schaffensschub. Mit *Dionysalexandros* (in dem Dionysos als Paris verkleidet Helena entführt – was zugleich eine Satire auf Perikles darstellte) oder *Pytine* («Flasche» – hier griff er witzig und erfolgreich eine Kritik des Aristophanes auf, er sei ein alter Trunkenbold) schuf er erfolgreiche Dramen. Mit der *Pytine* konnte er 423 sogar Aristophanes schlagen. Eupolis beteiligte sich 429, vielleicht erst 17 Jahre alt, zum ersten Mal am Komiker-Agon; bis zu seinem frühen Tod (nach 412) hat er vier Dionysien- und drei Lenäen-Siege errungen. Die für ihn bezeugten Fragmente und Werktitel weisen für sein Schaffen eine intensive und spöttische Auseinandersetzung mit der Politik und dem innenpolitischen Klima in Athen aus. In den *Demen* (wohl 412 verfasst) ließ er einen Athener in den Hades hinabsteigen, um bedeutende tote attische Politiker nach Athen zurückzuholen, die die deplorablen Zustände in der Stadt (nach der Niederlage Athens auf Sizilien) beheben sollten.

Die Aristophanische Komödie

Aristophanes dürfte nur wenig jünger als Eupolis gewesen sein. Er ist der einzige Dichter der kanonischen Trias, von dem Stücke erhalten sind. Warum gerade seinen – immerhin 11 aus einem Werk von wohl ursprünglich 44 – Komödien dieser Vorzug zuteil wurde und was gegen die Stücke des Kratinos oder Eupolis sprach, ist nicht mehr zu ermitteln.

Aristophanes' Produktion erstreckte sich über fast vierzig Jahre. Von einer ersten Beteiligung am Lenäen-Agon 427 bis 388 reichte seine Präsenz auf der Bühne. Erhalten sind die *Acharner* (425), die *Ritter* (424), die *Wolken* (423), die *Wespen* (422), der *Frieden* (421), die *Vögel* (414), *Lysistrate* und *Thesmophoriazusen*, die «Frauen beim Thesmophorenfest», (beide 411), die *Frösche* (405), die *Ekklesiazusen*, die «Frauen in der Volksversammlung» (um 392) und der *Plutos*, der «Reichtum» (388). Die erhaltenen Stücke wie auch das, was aus den Fragmenten gewonnen werden kann, lassen schließen, dass Aristophanes' Produktivität bis 410 höchst intensiv war und er bis zu zwei Stücke pro Jahr, d. h. für beide Wettbewerbe je eines, verfassen konnte.

Die Aristophanischen Komödien haben kompositorische Grundstrukturen. Sie kreisen inhaltlich um ein Problem (man hat dies das «komische Thema» genannt), das zunächst auf komödienhafte Weise gelöst wird. Sodann werden die Konsequenzen aus dieser Lösung dargestellt. Dies führt auf eine oft zweiteilige Anlage der Stücke, die im ersten Teil Problem und Lösung, im zweiten Teil, zumeist in einer seriellen Form, die Konsequenzen an mehreren Beispielen demonstrieren. Diese Demonstrationen münden in eine allgemeine Festsituation, die auch das Publikum zu einer Festgemeinde mit der Bühne verbinden kann.

Die *Acharner* können dieses Kompositionsverfahren veranschaulichen: Der Bauer Dikaiopolis (ein sprechender Name: der «rechte Bürger») leidet unter den Verwüstungen, die Athens Feinde im Peloponnesischen Krieg über sein Land bringen. Er beauftragt daher einen ‹Wundergesandten›, für ihn mit den Spartanern einen Privatfrieden auszuhandeln. Der Gesandte erreicht schnell sein Ziel, wird aber von den besonders schwer vom Krieg betroffenen Bauern aus dem Demos Acharnai – sie bilden den Chor – verfolgt; der Chor bedroht auch Dikaiopolis, der ihn jedoch – dazu dient die Bauform des epirrhematischen Agons (S. 14) – beschwichtigen kann. Damit endet der erste Teil der Komposition. Der zweite Teil zeigt Dikaiopolis im Genuss seines Privatfriedens. An diesem wollen viele Repräsentanten verschiedener Gruppen Anteil haben, die jedoch von ihm der Reihe nach ‹abgefertigt› und weggeschickt werden. Das Stück endet mit der triumphalen Heimkehr des Dikaiopolis von einem Agon im Wetttrinken, als dessen Sieger er nach Hause wankt, in Kontrast zu einem verwundet nach Hause humpelnden General, der aus dem Krieg kommt.

In den Komödien werden verschiedene Problembereiche aufgegriffen: Der Krieg – dargestellt insbesondere in der Sehnsucht nach Frieden – steht neben den *Acharnern* auch im *Frieden* (hier reitet ein attischer Bauer auf einem speziell gezüchteten Mistkäfer in den Himmel, um die Friedensgöttin auf die Erde zu holen) und in der *Lysistrate* im Zentrum (darin setzen die Frauen Griechenlands durch einen Sexstreik ihre Männer solange unter Druck, bis diese Frieden schließen). Athenische Verhältnisse werden problematisiert in den *Rittern* (einer bitteren Abrechnung mit dem als Schuft präsentierten Politiker Kleon) und in den *Wespen* (diesmal wird die athenische Prozessiersucht karikiert). In diesen im engeren Sinne politischen Stücken bietet die Komödie ein wahres Feuerwerk an Pointen, die auf in Athen bekannte Personen und Ereignisse oft trivialer Art zielen und bereits späteren antiken Lesern kaum noch verständlich waren. Kommentare (die in byzantinischer Zeit zu Scholien, Erklärungen am Rand der Aristophanes-Texte, schrumpften) schufen Abhilfe. Man braucht sie noch heute, um die Komödien in ihrem Anspielungsreichtum zu verstehen.

Ein kühnes Experiment zeigen die *Ekklesiazusen*, in denen die Frauen den Männern ihre Kleider stehlen, als Männer verkleidet in die Volksversammlung gehen, die Einsetzung der Frauenherrschaft beschließen und in der Folge eine matriarchalische Gütergemeinschaft einrichten. Jedoch scheitert dieser ‹kommunistische› Staat am weiterhin wirksamen Eigennutz des Menschen. Abstrakter verwirklicht der *Plutos* eine Wunschvorstellung: Der Reichtum, der, weil er blind ist, zu den Falschen geht, wird durch eine Wunderheilung wieder sehend – gegen den Einspruch der personifizierten Armut, die den Zusammenbruch der Kultur kommen sieht und am Ende recht behält. Eine Auseinandersetzung mit den ‹anthropologischen Konstanten› der Athener führen die *Vögel*. Darin wollen zwei Athener, Peisetairos und Euelpides, dem Stress und dem Ehrgeiz in ihrer Heimatstadt entfliehen. Sie begeben sich ins Vogelreich, wo sie – in einem epirrhematischen Agon – bei den Vögeln, die sie skeptisch als Feinde betrachten, aufgenommen und sogar mit Federn als Vogel-Attributen ausgestattet werden. Doch statt nun ein ruhiges Leben zu führen, entwerfen sie den Plan, eine Vogelstadt – *Nephelokokkygia* («Wolkenkuckucksheim») – zu gründen. Diese Stadt liegt zwischen Menschen und Göttern, kann deshalb die Götter von den Opfern der Menschen abschneiden und so Zeus zur Herausgabe der Weltherrschaft zwingen. Das Stück endet triumphal (oder ironisch?) mit der Hochzeit zwischen Peisetairos und der personifizierten Königsherrschaft ‹Basileia›. Auch die Intellektuellen stehen im Fokus der Komödie: In den *Acharnern*, den *Thesmophoriazusen* und schließlich den *Fröschen* wird Euripides – in den *Fröschen* im Agon sogar mit Aischylos – in den Eigenheiten seiner Dramatik überspitzt präsentiert. Gerade in dieser Präsentation wird – ungeachtet all ihrer witzigen Zuspitzungen – deutlich, wie genau Aristophanes und sein Publikum auf technische Feinheiten des Aufbaus der Stücke oder ihrer metrischen Komposition achteten. Aus den *Fröschen* lassen sich Grundzüge einer Dramenpoetik gewinnen, die bis zur Bestimmung der Funktion von Dichtung reichen. Denn als der Theatergott Dionysos nach den Eigenschaften eines guten Dichters fragt, antwortet Euripides: «Talent und Geschick und moralischer Zweck, begeisterter Eifer, die Menschen im Staat zu bessern» (V. 1009–10). Tragödie ist – aus Sicht freilich der Komödie – eine Einrichtung, die den Menschen moralisch und politisch belehrt. Von hier aus lässt sich ein Bogen zur Platonischen Dichterkritik, jedoch nicht zu Aristoteles schlagen (S. 58).

Sokrates als Sophist: Die Wolken

Einen besonderen Intellektuellen zeigen die *Wolken*: Sokrates, der in der Aristophanischen Darstellung als Sophist und Naturforscher erscheint (dieses Sokrates-Bild hat der Forschung große Probleme bereitet, da es in Widerspruch zu allen anderen Nachrichten über ihn steht). Diese Darstellung zeigt übrigens die langfristige Wirkung der Komödie: Platon lässt in seiner Verteidigungsrede des Sokrates diesen – in der Situation von 399, 24 Jahre (!) nach Aufführung der *Wolken* – nachdrücklich vor dem Bild warnen, das dieses Stück von ihm zeichnet.

Die *Wolken* thematisieren mehrere Konfliktfelder: die Spannung zwischen einer alten, sparsamen und traditionsgebundenen Generation und einer Jugend, die – fast modern – in der Hauptsache an Vergnügungen interessiert ist und, entsprechend belehrt, unmoralisch-skrupellos agiert; die Spannung zwischen ‹common sense› und vermeintlich spitzfindiger Gelehrsamkeit; die Spannung zwischen dem Land und der Stadt und schließlich zwischen Dumm und Klug. Der komische Held, der Bauer Strepsiades, hat ein gewaltiges Problem. Er hat ‹über Stand› eine Aristokratin geheiratet. Der gemeinsame Sohn Pheidippides häuft durch sein Faible für den Pferdesport enorme Schulden auf, die den Vater um den Schlaf bringen. Strepsiades entwickelt einen Plan, wie er seinem Ruin entrinnen kann: Er wird seinen Sohn in die Schule des Sokrates – mit dem neugebildeten Wort *phrontisterion* (etwa «Denkerei») bezeichnet – schicken: «Die lehren dich fürs Geld die Kunst, mit Worten/Recht oder Unrecht glücklich zu verfechten» (V. 98–9). Sokrates erscheint hier also als sophistischer Rhetoriklehrer, der für Geld die sophistische Weisheit, «die schwächere zur stärkeren Sache machen» zu können, unterrichtet. Strepsiades unterscheidet sich mit diesem Anliegen (es geht ihm ja darum, seine Gläubiger vor Gericht zu prellen) von den übrigen komischen Helden des Aristophanes. Zielt er doch nicht auf die Besserung schlechter allgemeiner Verhältnisse. Vielmehr will er, wie ein kleiner Gauner, durch eine Trickserei seine Haut retten. Zudem ist er, auch darin im Unterschied zu den übrigen Hauptfiguren des Aristophanes, kein Tausendsassa, sondern ausgesprochen dumm. Dies zeigt sich, als sein Sohn die Lehre bei Sokrates von sich weist. Strepsiades geht darauf selbst zur «Denkerei» und erfährt von einem Schüler des Sokrates, welch fabelhafte Forschungen dieser unternimmt: Er misst u. a., wie viele Floh-Füße weit ein Floh springen kann. Im Gespräch zwischen Schüler und Bauer lässt sich eine Form der Komik (übrigens nicht nur) der Aristophanischen Komödie gut erkennen: die Dissonanz zwischen der ‹wissenschaftlichen Ernsthaftigkeit› modernster Forschung und den unverständigen Nachfragen des der Forschung Fernen.

Schließlich sieht Strepsiades den Meister selbst, der in einem Korb oder einer Hängematte unter der Decke des Hauses hängt (dafür wird wohl die Tür des Bühnenhauses geöffnet, wodurch man Sokrates' sonderbare Positur sehen kann). Hierin liegt eine zweite Form der Aristophanischen Komik: das Umsetzen von Metaphern und Allegorien in Bühnengeschehen. Denn wenn die sophistisch-philosophischen Gedanken und Erkenntnisse ‹luftig› sind, können sie am besten in großer Höhe und fern der Erdenschwere gewonnen werden: «Wie könnt' ich wahr das Überird'sche deuten:/wenn schwebend nicht des Geistes zarter Äther/mit dem verwandten Element sich mischte?», erläutert Sokrates dementsprechend seinen Platz im Korb unter der Decke (V. 227–30). Zu den luftigen Gedanken passen auch die speziellen Schutzgötter der Sokrates-Schule: die Wolken. Sie bilden den Chor des Stückes und ihre Epiphanie erlebt der staunende Strepsiades in der Parodos. Im weiteren Fortgang des Stückes erweist er sich jedoch als schlicht zu dumm für die feinsinnigen Lehren des Sokrates. So muss doch Pheidippides in die sophistische Schule. Sein Unterricht beginnt mit einem Streitgespräch zwischen den personifiziert auftretenden ‹Schwächeren Logos› und ‹Stärkeren Logos› in Form eines epirrhematischen Agons. Der Schwächere Logos – er vertritt allerlei unmoralische Ziele und zeigt, wie man damit obsiegt – gewinnt furios. Am Ende des Stückes ist Pheidippides sophistisch gebildet, allerdings nicht zur Freude des Vaters, der weiter auf seinen Schulden sitzt. Vielmehr kann der Sohn rhetorisch nachweisen, dass es angemessen sei, wenn Kinder ihre Eltern verprügeln. Dies ist zuviel für Strepsiades. Er zündet das Phrontisterion an.

Aristophanes problematisiert in den *Wolken* die Konsequenzen, die sich aus der ‹modernen› sophistischen Bildung ergeben. Er tut dies in durchaus feinsinniger Weise, indem er Strepsiades, paratragodisch, durch Leiden zur Lehre führt, dass er unmoralische Ziele verfolgte und damit zu Recht scheiterte. Der Wolkenchor teilt dem Helden dies ausdrücklich mit (V. 1458–61). Dennoch hatte das Stück – zu Aristophanes' Verwunderung (V. 518–26) – keinen Erfolg, es fiel 423 durch. War Kratinos' *Pytine* einfach besser? Oder gefiel dem Publikum der ‹dumme› komische Held nicht, wenn es sonst gewohnt war, sich mit dem Helden zu identifizieren?

6. Menander: Die Komödie als Erbin der Tragödie

Von Aristophanes zu Menander

Mit dem *Plutos*, dem 388 aufgeführten letzten Stück des Aristophanes, wird für die Literaturgeschichte die Komödie zunächst unsichtbar, um erst 316 im *Dyskolos*, dem «Schwierigen», des Menander neu Gestalt zu gewinnen. In den dazwischenliegenden 70 Jahren änderte sich die griechische Welt dramatisch. Versuche von Stadtstaaten wie Sparta und Theben, eine stabile Hegemonie über Griechenland aufzubauen, scheiterten; nicht minder war Athens Bemühen, mit einem neuen Seebund zu alter Größe zurückzufinden, ohne nachhaltigen Erfolg geblieben. Mit den Makedonen, zunächst Philipp, dann Alexander, hatte die griechische Welt ein neues Macht- und Kraftzentrum erhalten. Der Versuch, dies aufzuhalten – der athenische Politiker und Redner Demosthenes hatte darin seine ganze Energie gesetzt –, endete fatal mit der Niederlage Athens in der Schlacht bei Chaironeia 338. Fortan waren die griechischen Poleis außenpolitisch makedonischen Spielregeln unterworfen. Ihre Bedeutung schwand weiter, als Alexander das Perserreich eroberte und sich nach seinem Tod 323 mit den ‹Diadochenstaaten› mächtige Monarchien ausbildeten, die neue Kulturzentren wie Antiochia oder Alexandria hervorbrachten. Mochte damit Athen während des 4. und des 3. Jh. nicht mehr die glanzvolle Machtstellung in der griechischen Welt besitzen, so ‹funktionierte› dennoch die demokratische Ordnung, die im 5. Jh. von manchen Spannungen gezeichnet war, auch während dieser Zeit. Das politische Experimentieren war vorüber, die Polis lebte mit ihrer sich zu einer Honoratioren-Herrschaft wandelnden inneren Machtstruktur recht gut. Die Feste und insbesondere das Theater wahrten dabei ihre Bedeutung, gefördert durch die Polis, die in den 40er Jahren die Spielstätte an der Akropolis in einen Steinbau überführte und die zudem den Besuch der Schauspiele durch das *Theorikon* subventionierte. Dieses «Schaugeld», eine Einrichtung aus dem 5. Jh., finanzierte von ca. 350 an allen Bürgern die Teilnahme an den großen Festen. Auch erweiterte sich das Spektrum der Theater-Agone im 4. Jh. Nicht mehr allein (neue) Tragödien bzw. Komödien standen im Wettbewerb, seit 386 konnten an den Dionysien auch alte Tragödien, seit 339 alte Komödien in Konkurrenz zu neuen aufgeführt werden. Die Bedeutung der Schauspieler, die bereits seit Mitte des 5. Jh. in einem eigenen Wettbewerb gestanden hatten, wuchs weiter an, so dass sie (so beobachtete Aristoteles, *Rhetorik* 3.1, 1403b33) wichtiger waren als die Dichter. Die Bühne entwickelte sich weiter: Die Vorderfront der Skene zeigte nun stereotyp drei Türen (und konnte damit bis zu drei Gebäude repräsentieren), die Bühne selbst war ca. einen Meter angehoben, so dass eine Distanz zwischen Orchestra und eigentlichem ‹Spielraum› bestand. Die rechts und links von der Bühne befindlichen Ausgänge (als ‹Nebenbühnen›, *Paraskenien*, ausgebaut) erhielten stereotype Bedeutung: Nach links führte der imaginäre Weg zum Hafen, nach rechts zum Markt. Damit war, ohne dass dies eigens gesagt werden musste, deutlich: Wer von links auftritt, kommt aus der Fremde, wer von rechts, aus der Stadt. Der Chor, im 5. Jh. während eines Stückes permanent anwesend, wurde ersetzt durch ‹Zwischenakt›-Gesang, der nicht einmal vom Dichter selbst komponiert sein musste, sondern ein gerade gängiges Lied sein konnte. Entsprechend fehlen in den Menander-Papyri ausgeschriebene Chorlieder. Der lapidare Hinweis: *choru* – «[Lied] des Chores» ersetzt sie.

Das Drama aus Außensicht: Platon und Aristoteles

Die kontinuierliche Präsenz des Dramas in der athenischen Öffentlichkeit durch Aufführung wie auch in Buchform inspirierte zu intensiverem Nachdenken über dessen Wesen und seine Bedeutung für den Menschen wie den Staat. Einen – markanten – Ausdruck findet dieses Nachdenken bei Platon, freilich in ambivalenter Weise. Wenn man Sokrates und seine Hinrichtung 399 als den Ausgangspunkt für Platons Philosophieren betrachten kann, so ist angesichts der Bedeutung, die die *Wolken* des Aristophanes (S. 54) für die öffentliche Meinung über Sokrates aufwiesen, kaum verwunderlich, dass in den Platonischen Texten das Drama in der Regel distanziert kritisch diskutiert wird (auch wenn es als gesellschaftliches Ereignis gewürdigt wird: kreist doch das *Symposion* um den ersten Lenäen-Sieg des Tragikers Agathon und ist dort Aristophanes ein intelligent-beredter Gast). Abgesehen von der Ansiedlung auf einer ontologisch niederen Stufe – Drama ist nur Nachahmung (als Bühnenspiel) von menschlichem Handeln, das seinerseits lediglich Nachahmung im Hinblick auf die Ideen darstellt –, zeigen die insbesondere in den Euripideischen Tragödien entworfenen Götter- und Menschenbilder keine der aus Sicht der Platonischen Philosophie erstrebenswerten vorbildhaften Eigenschaften, die eine Aufführung im Platonischen Staat angezeigt erscheinen ließe. Es ist bezeichnend, dass in der anekdotischen Tradition zu Sokrates dieser das Theater verlassen haben soll, als im Euripideischen *Hippolytos* Phaidra die Verse sprach: «Was recht ist, sehen wir und wissen wir/und tun es doch nicht [...]» (V. 380–1). Nichts kann deutlicher dem Sokratisch-Platonischen Grundsatz: ‹Niemand tut freiwillig Falsches› widersprechen. Auch wenn in Platons *Staat* in der Hauptsache Homer Objekt der kritischen Debatte ist, so kann doch nicht bezweifelt werden, dass das Verdikt – die Zurückweisung des Dichters aus der idealen Polis –

auch Tragödie und Komödie treffen muss, da auch sie nicht Götter-Hymnen und Lobgedichte auf gute Menschen zum Gegenstand haben (*Staat* Buch 10, 607a).

Eine erste veritable Theorie der Tragödie bietet dagegen Aristoteles' *Poetik*, von deren ursprünglich zwei Büchern nur das erste erhalten ist, das Epos und Tragödie behandelt, während das zweite, Komödie und Lyrik gewidmet, verloren ist. Der besondere Charakter des Textes – er stellt eher eine Art von Vorlesungsaufzeichnung für Aristoteles' Unterricht als eine an ein allgemeines Publikum gerichtete, vollständig aus sich verständliche Schrift dar – erschwert das Verständnis der Aristotelischen Ausführungen. Die *Poetik* ist als Anhang zur *Rhetorik* konzipiert. Es geht zuvörderst um die spezifische Leistungsfähigkeit bestimmter Formen von Poesie. Damit liegt der Poesie-Betrachtung ein Fundamentalgedanke im Aristotelischen Lehrgebäude zugrunde, nach dem Dinge (in einem breiten Spektrum von Pflanzen bis hin zu menschlichen Erzeugnissen) nach ihrem Zweck einzuschätzen sind. Hinsichtlich der Poesie, die nun als Ausdruck eines ‹entplatonisierten› menschlichen Vermögens zur *mimesis*, «Nachahmung», in Kombination mit der Freude am Wissenserwerb gefasst wird, nimmt Aristoteles an, dass die unterschiedlichen Formen bzw. Gattungen je unterschiedliche ästhetische Wirkungen (*hedonai*, «Vergnügen») im Menschen hervorrufen. Diese Wirkungen ergeben sich aus der jeweils eigenen Zusammenstellung von Komponenten, d.h. der Form der Sprache, der Anlage der zugrunde gelegten Geschichte, der Bauformen u.a.m. Diese Betrachtungsweise der poetischen Formen verknüpft Aristoteles mit einem weiteren seiner Fundamentalgedanken, dem Konzept der ‹Entelechie› – der Vorstellung, dass komplexere Gebilde (von organischen Einheiten bis hin zu Staatsformen) einer Entwicklung unterliegen, die sie aus Anfängen bis zu einer von ihrem Wesen her bestimmten Vollendung führt (nach der dann ein Verfall einsetzt). Daher hat Aristoteles großes Interesse an der Entwicklungsgeschichte der Tragödie. All dies führt zu einer Bestimmung der Tragödie: «Die Tragödie ist die Nachahmung einer guten und in sich geschlossenen Handlung von bestimmter Größe, in anziehend geformter

Sprache […], die Jammer (*eleos*) und Schauder (*phobos*) hervorruft und hierdurch eine Reinigung (*katharsis*) von derartigen Erregungszuständen bewirkt.» (Kap. 6, 1449b24–28). Allerdings ist auch eine etwas andere, auf Lessing zurückgehende Übersetzung möglich: «[…] die Mitleid und Furcht hervorruft und dadurch eine Veredelung derartiger Affekte bewirkt.» Affektreinigung (oder Affektveredlung) als Wirkung ist für Aristoteles an bestimmte Handlungskonstellationen der Tragödie geknüpft: So müssen die Ereignisse entgegen der Erwartung eintreten, doch folgerichtig auseinander hervorgehen (Kap. 9) – dies sieht Aristoteles in besonderer Weise im *Ödipus* des Sophokles gegeben, der daher insbesondere in seinem «Umschwung» (*peripeteia*/Peripetie) vom Glück ins Unglück als Muster genannt wird (Kap. 11). Um im Sinne des tragischen Vergnügens wirksam zu sein, hat die Tragödie nicht zu zeigen, wie ein guter oder schlechter Mensch ins Glück oder Unglück gerät, sondern benötigt einen ‹mittleren Mann› (oder eine mittlere Frau), der weder perfekt noch gänzlich schlecht sein darf. Diese Person hat einen Fehler, griechisch *hamartia*, zu begehen, der in die Katastrophe führt (Kap. 13). Hamartia ist bei Aristoteles kein moralischer Defekt, sondern bezeichnet schlicht ein ‹Verfehlen› des Ziels. Die Katastrophe ist daher im Aristotelischen Sinn nicht etwa als moralische Reparatur der Welt, sondern als mechanistisches Resultat einer ‹Verfehlung› verstanden. Die Aristotelische Tragödientheorie ist ein in sich geschlossenes, intelligentes Modell, die Wirkung der Tragödie zu verstehen. Sie kann jedoch nicht als Universalschlüssel zur Interpretation der Stücke gelten – denn diese ‹funktionieren› auf verschiedene Weise, wie etwa die *Antigone* zeigt, in der nur mit brachialer Deutung eine Hamartia der Titelheldin konstruiert werden kann.

Menander und die Neue Komödie

Die Geschichte der Komödie zwischen Aristophanes und Menander, die parallel zu den skizzierten politischen, dramentechnischen und philosophisch-literaturtheoretischen Entwicklungen verlief, ist nur schemenhaft bestimmbar. Die Mittlere Komödie präsentiert sich als ein Ensemble von Fragmenten, die wenig Aufschluss über ganze Stücke geben, als Notizen in der späteren Literaturgeschichtsschreibung und als ein Katalog von Dichternamen, zu denen die *Suda* Lebensdaten und magere Angaben über den Umfang des Werkes bewahrt hat: Antiphanes (ca. 405–332), Anaxandrides (ca. 400–345), Eubulos (ca. 415–?), Alexis (ca. 372–266). Allein aus den hier mitgeteilten Daten zum Leben wird deutlich, wie schwierig eine Abgrenzung zur Alten bzw. Neuen Komödie ist. Welche Signaturen die Mittlere Komödie aufwies, welchen Stellenwert die in diesem Zusammenhang wiederholt thematisierte Mythenparodie hatte, ob Plautus-Stücke wie *Persa* oder *Amphitruo* auf die Mittlere Komödie zurückgeführt werden können – all dies ist mehr zu vermuten als genauer zu wissen. Auch die Neue Komödie wäre nur ein Schatten, ihre Dichter Diphilos, Philemon, Apollodor oder Menander nur Schemen, die aus den erhaltenen römischen Komödien beschworen werden müssten, wenn nicht seit Ende des 19. Jh. Papyrus-Funde Szenen oder sogar größere Teile aus Menanders Komödien ans Licht gebracht hätten. So sind insgesamt 17 seiner Dramen in kleineren oder größeren Partien kenntlich geworden. Den spektakulärsten Zuwachs brachte ein am Anfang und am Ende verstümmelter Papyrus-Codex aus dem 3. oder 4. Jh. n. Chr., der die Komödien *Samia* (am Anfang beschädigt), *Dyskolos* (fast vollständig) und *Aspis* (am Ende unvollständig) enthält. Die Publikation dieser drei Dramen in zwei Etappen (1959 *Dyskolos*, 1969 *Samia* und *Aspis*) hat das Verständnis der dramatischen Kunst Menanders erheblich vertieft.

Menander wurde im Jahr 342/1 in eine wohlhabende attische Familie geboren; für seine Ausbildung verwendete man eine der sozialen Stellung der Familie angemessene Sorgfalt, zu der die für junge Männer übliche ‹Ephebie› gehörte, ein Wehrdienst, der allerdings auch Unterricht in Literatur u. a. m. einschloss. Diese Ephebie hat Menander als Jahrgangsgenosse mit dem späteren Philosophen Epikur absolviert. Es ist möglich, dass Menander Hörer des Aristoteles-Schülers Theophrast gewesen ist, der nach Aristoteles' Tod 322/1 dessen Schule – mit großem Publikumserfolg – weiterführte. 321 führte Menander seine erste Komödie – *Orge* («Der Jähzorn») – auf. 316 errang er mit dem *Dyskolos* den Sieg bei den Lenäen. Mehr als 100 Komödien soll er bis zu seinem Tod (291/90) gedichtet haben. Da Dionysien und Lenäen jährlich nur zwei Aufführungsgelegenheiten boten, muss ein erheblicher Teil dieser Produktion für andere Feste oder andere Orte geschaffen worden sein. Dies würde auch die im Verhältnis zur Gesamtzahl der Komödien geringe Zahl von nur acht Siegen ‹erträglicher› erscheinen lassen.

Wie sich die in größerem Umfang in Fragmenten erkennbaren Komödien auf die Schaffenszeit des Dichters verteilten, ist – abgesehen vom datierten *Dyskolos* – höchst unsicher. Eine Entwicklung seiner Technik bleibt daher hypothetisch. Erkennbar sind im Erhaltenen einige Signaturen: Da ist zunächst ein besonderes Interesse am Menschen in seinen unterschiedlichen ‹Prägungen›, am Charakter also. Ob dafür die Lehren Theophrasts eine besondere Anregung gegeben haben, ist unklar. Es scheint freilich, als könnten sich Menanders Charakterzeichnungen und Theophrasts Schrift *Charaktere*, die 30 sozial bedenkliche Eigenschaften (Verstellung, Schmeichelei, Geiz usw.) in Schilderungen entsprechend geprägter Männer brillant verdeutlichen, gegenseitig erhellen. Ein zweites Moment liegt in der Handlungsführung, in der der Zufall (zumeist positiv) eine große Rolle spielt und zum eigentlichen Organisationsprinzip des Plots wird. So wird im *Dyskolos* der junge Sostratos per Zufall (griechisch *kata tychen*, V. 43) auf der Jagd auf dem Land an einen Platz geführt, wo er die Tochter des ‹schwierigen› Knemon sieht und sich in sie verliebt. Doch hinter diesem Zufall steht ein göttlicher Plan (dies entspricht dem Euripideischen Arbeiten mit der *tyche*, die etwa in der *Taurischen Iphigenie* Orest seine vermeintlich tote Schwester finden lässt): Der Gott Pan hat im *Dyskolos* für diesen Zufall gesorgt, um damit die fromme Tochter zu belohnen (V. 36–8). Allerdings bleiben die Götter – anders als bei Euripides, wo sie bisweilen die infolge der menschlichen Eigendynamik aus der Bahn geratende Handlung wieder ins Lot bringen müssen (besonders deutlich in *Ion* und *Orestes*) – im eigentlichen Geschehen unsichtbar: Darin führen die Menschen aufgrund ihrer Charakterdispositionen mit einer gewissen Stringenz die Geschichte zu einem guten Ende. Diese Rolle der *tyche* entspricht ihrer großen Bedeutung im Kult des Hellenismus, in der sie als personifizierte Gottheit begegnet. Noch in weiteren Hinsichten führt die Menandrische Komödie Strukturen der Tragödie fort: Die Anagnorisis wird aus der Tragödie – in der sie das Erkennen der Wahrheit als Bewusstmachung der Katastrophe bedeutet (so im *Ödipus*) – in den komischen Plot überführt, wo sie nach zunächst unlösbar erscheinenden Verwicklungen Verwandte, die einander verloren, im glücklichen Ende zueinander bringt. Mit dieser Mutation hatte bereits Euripides im *Ion* gearbeitet, Menander setzt dies in den *Epitrepontes* («das Schiedsgericht») fort.

Die Aspis: Habgier des Bürgers und Edelmut des Sklaven

In der *Aspis* («Schild») entfaltet sich das Spiel des Zufalls paradigmatisch, getragen vom typischen Personal der Neuen Komödie: Da sind zwei alte Männer, Brüder, der eine: Smikrines habgierig, der andere: Chairestratos weich und zur Resignation neigend; zwei junge Männer: Kleostratos, Neffe der beiden Alten, Chaireas, Stiefsohn des Chairestratos; zwei junge Mädchen von nicht untypischer Namenlosigkeit: die Schwester des Kleostratos und die Tochter des Chairestratos; sowie ferner ein Sklave: Daos, schlau und treu seinem Herren Kleostratos ergeben. Hinzu kommt weiteres ‹komisches› Personal: ein Koch, ein Servierer, ein Pseudo-Arzt, eine Magd. Mit dieser Personenkonstellation (gespielt von 4 bis 5 Schauspielern) entfaltet sich ein Spiel, das von der Prologgottheit Tyche inszeniert ist. Die Ausgangssituation erläutert Daos, dessen Rede das Stück eröffnet. Tyche (ihr gehört die zweite Szene des nun als 1. Akt zu bezeichnenden ‹Prologs›) informiert das Publikum weiter und sichert ihm so einen Informationsvorsprung vor den Akteuren des Stücks. Indem sie auf das glückliche Ende vorverweist (V. 145–6), gibt sie dem Zuschauer eine der Komödie entsprechende Rezeptionshaltung (ähnlich funktioniert der Prolog des Plautinischen *Amphitruo*, S. 90).

Kleostratos, so erläutert der 1. Akt, hat sich an einem Kriegszug in Kilikien beteiligt, um durch Beute seiner Schwester eine würdige Mitgift zu verschaffen. So schickte er nach einem Sieg seinen Sklaven Daos tatsächlich mit reicher Beute gen Athen. Doch überfielen die Gegner die griechische Truppe kurz darauf; Daos, der dies aus der Ferne bemerkt und sich nach einigen Tagen ins alte Lager zurückwagt, findet den zerhauenen Schild des Herrn neben dessen unkenntlich gewordenem vermeintlichen Leichnam (tatsächlich ist Kleostratos in Gefangenschaft geraten, wie Tyche später hinzufügt). Im Trauerzug mit Beute und Schild betritt daher Daos die Szene (damit beginnt das Spiel). Kleostratos' Onkel Smikrines begreift das Vorgefallene und sieht die Möglichkeit, sich mit Hilfe des attischen Rechts in den Besitz der Beute zu bringen: Denn das Gesetz sieht vor, dass zum Schutz des Erbes der nächste männliche Verwandte eine Frau heiraten muss (oder kann), die alleinstehend ist. So beabsichtigt er, Kleostratos' Schwester zu seiner Frau zu machen. Die hatte während der Abwesenheit des Bruders im Haus des Onkels Chairestratos gewohnt und soll gerade mit dessen Stiefsohn Chaireas vermählt werden (die Vorbereitungen der Hochzeit sind im Gang, ein Koch gemietet und ein Servierer engagiert). Smikrines unterbindet die Hochzeit mit seinem Einspruch; sein Bruder resigniert, der Koch verlässt schimpfend die Szene. Um Smikrines zu prellen, entwickelt Daos einen Plan (V. 320–90): Dem Habgierigen soll vorgegaukelt werden, dass Chairestratos stirbt, so dass Smikrines einen noch größeren Gewinn machen könnte, wenn er dessen Tochter heiratet und so das gesamte Erbe des reichen Bruders an sich bringt. Der Plan (der seinerseits mit dem ‹Zufall› des Todes des Bruders arbeitet) wird mit Hilfe eines Pseudo-Arztes, der Smikrines mit einem medizinischen Fach-Chinesisch von der Unrettbarkeit des Bruders überzeugt (V. 439–64), ein Erfolg. Chaireas darf auf Smikrines' Geheiß nun die Schwester des Kleostratos heiraten. Da kehrt dieser zur großen Freude des Daos – dessen Edelmut fast unrealistisch wirkt – heim. Hier bricht der Text ab, doch deutlich ist, dass Smikrines völlig leer ausgeht. Die Entlarvung seines üblen Charakters, die Tyche angekündigt hat, dürfte am Ende des Stückes vollendet worden sein.

Man kann mit einer gewissen Abstraktion feststellen: Die Menandrische Komödie wird in ihrer Kunst der Charakterdarstellung und Handlungsführung auch zum Medium, gesellschaftliche Konfliktstellungen, die sich aus Normen einer funktionierenden bürgerlichen (oder Honoratioren-)Gesellschaft ergeben (hier im Problemkreis Mitgift und Sicherung des Familienbesitzes prägnant charakterisiert), zugespitzt zu dramatisieren und ‹einzufangen›, d. h. in ihrer restriktiven Wirkung (die einen Kleostratos zum Beute-Machen treibt und einem Smikrines das Gesetz auszunutzen erlaubt) offenzulegen und zugleich als überwindbar bzw. lebbar zu zeigen.

7. Das Drama im Hellenismus: Bühnen und Bücher in der gesamten Oikumene

Äußerlich betrachtet waren die Bedingungen für das griechische Drama vom Ende des 4. Jh. an so günstig wie nie zuvor. Die gesamte östliche Hälfte des Mittelmeerraumes, der Nahe und Teile des Mittleren Ostens, Nordafrika bis zum heutigen Sudan hatten sich im Zeitalter Alexanders und der Diadochen der griechischen Kultur geöffnet. Die griechischen Poleis profitierten von dieser ‹Globalisierung›, die griechische Stadtkultur breitete sich bis an den Hindukusch aus. Dazu gehörten Theater, in denen griechische Dramen gespielt wurden, das griechische Gymnasium, in denen man nicht nur Lesen und Schreiben, sondern auch die griechische Sprache erlernte. Zum kanonischen Lernstoff gehörte dabei neben den homerischen Epen das attische Drama. Den Theaterbetrieb selbst prägten nun Schauspielergilden, die von den Poleis für die Aufführung engagiert wurden. ‹Spitzenschauspieler› genossen hohes Ansehen, sie wurden bisweilen sogar für diplomatische Missionen engagiert. Die sich in den höfischen Zentren ausbildende Philologie, die die Einrichtung der neuen großen Bibliotheken etwa in Alexandria und Pergamon begleitete, schuf Sammelausgaben auch der Dramatiker, die so fortan leichter in größerer Zahl gelesen werden konnten. Ausgehend von den Werturteilen des 5. Jh. bildeten sich Lesepräferenzen und schließlich ein Kanon von Autoren und Texten aus, der in Hellenismus und Kaiserzeit bestimmend wurde – so bestimmend, dass augenscheinlich gegen die im Zuge dessen entstandenen ‹Klassiker› Aischylos, Sophokles, Euripides, Aristophanes und Menander die jeweils aktuellen Dichter keine Überlieferungschancen hatten. Versuche im Hellenismus, einen Kanon der ‹neuen› Tragiker zu etablieren (die ‹Pleias›, ein ‹Siebengestirn›, benannt nach dem Sternbild der Plejaden), blieben so erfolglos, dass nicht einmal die Namen dieser Dramatiker einhellig überliefert sind. Rein numerisch ist nicht gering, was vom 4. Jh. an vorhanden war. Wir kennen die Namen von mehr als 80 Tragikern und über 100 Komikern aus der Zeit vom 3. Jh. bis zum 1. Jh. v. Chr. Ihr Werk müsste mehrere Tausend Dramen umfasst haben. Es ist bis auf wenige Titel und einzelne Verse verloren.

Die kanonische griechische Literatur fungierte im Hellenismus als Akkulturationsmotor: Nicht-Griechen lernten an ihr Sprache und Gedankenwelt der Griechen kennen; die Literatur konnte zugleich als Verständigungsgrundlage im Miteinander unterschiedlicher Kulturen dienen. Freilich war dies auch ein reziproker Prozess, wie die Geschichte des römischen Dramas (S. 67–84) und auch wie ein Tragödienfragment aus dieser Epoche zeigen, das Eusebios von Kaisareia (allerdings aus ‹zweiter Hand›) zitiert: Ein als Tragödiendichter ausdrücklich apostrophierter Jude namens Ezechiel verfasste ein griechisches *Mose-Drama*, wobei er den Stoff des Buches *Exodos* in die Form der attischen Tragödie übertrug. 269 Verse sind erhalten, wohl aus dem Prolog, in dem Mose selbst von seiner Kindheit und Jugend berichtet, ferner eine Art von Botenbericht, in dem die Stimme Gottes Mose die Plagen beschreibt, ferner ein regelrechter Botenbericht, der den Untergang des ägyptischen Heeres mitteilt. Die Bedeutung dieses Dramas dürfte darin gelegen haben, einerseits ein griechisches Publikum (ob bei einer Aufführung oder durch Lektüre, ist nicht zu entscheiden) über die jüdischen Traditionen zu unterrichten, andererseits eine auf die eigenen religiösen Traditionen zurückgreifende ‹moderne› und ästhetisch anspruchsvolle Lektüre für das griechischsprachige Diaspora-Judentum zu schaffen.

Einen ähnlichen Vorgang zeigt das vielleicht bedeutsamste Ereignis der griechischen Dramengeschichte der Kaiserzeit, die nur noch wenige Autoren und kaum Fragmente kennt: Als Julian der Abtrünnige 362 n. Chr. im Zuge seiner Repaganisierung das sogenannte Rhetoren-Edikt erließ, brachte er die christlichen Lehrer des Römischen Reiches in eine prekäre Situation. Das Edikt bzw. dessen Ausführungsbestimmungen verlangten von allen Lehrern eine Einheit von Lebensführung und Lehrinhalt. Dies bedeutete, dass den christlichen Lehrern der Unterricht in den kanonischen heidnischen Texten von Homer bis zu den Tragikern und Platon untersagt war und sie auf die Bibel verwiesen wurden – die jedoch als Schultext zur stilistisch-rhetorischen Unterweisung ungeeignet ist. Darauf reagierte ein christlicher Gelehrter, Apolinarios, indem er die Stoffe der Bibel in die literarischen Formen der griechischen Kultur übersetzte und nach einzelnen biblischen Geschichten Komödien im Stile Menanders oder Tragödien im Stile des Euripides dichtete – so jedenfalls der Kirchenhistoriker Sozomenos (5,18). Doch von diesen Dramen ist keine Spur erhalten: Nach Julians Tod kehrte auch der christliche Unterricht zum alten Kanon zurück.

8. Das Drama in Rom: Kulturimport und Machtpolitik

Die vorliterarische Tradition des Theaters

Die Forschung lässt die Geschichte der römischen Literatur in der Regel mit dem Jahr 240 v. Chr. beginnen: In diesem sogenannten ‹Epochenjahr› der römischen Literaturgeschichte wurden erstmals Theaterstücke in lateinischer Sprache öffentlich aufgeführt und schriftlich fixiert. Dieses Ereignis wird mit dem Namen des Livius Andronicus verbunden, der griechische Theaterstücke und auch die *Odyssee* ins Lateinische übersetzt haben soll. Auch wenn die Datierung ins Jahr 240 unsicher bleiben muss und sich wenig Konkretes zu dem Anlass sagen lässt, so bleibt doch seine epochale Bedeutung für die Kulturgeschichte Roms unbestritten. Denn von da an werden Texte in lateinischer Sprache verfasst, die mit ihrem ästhetischen Anspruch an die griechische Literatur anschließen wollen, die in dieser Zeit – in der zweiten Hälfte des 3. Jh. – bereits eine lange und ‹große› Tradition vorweisen kann. Dieser offenbar mit Absicht vollzogene Kulturimport scheint für die Stadt Rom, die gerade einen langen und schweren Krieg (den Ersten Punischen Krieg, 264–241 v. Chr.) gegen die Seemacht Karthago mit einem Sieg beendet hatte, eine ganz bestimmte politische Bedeutung gehabt zu haben, von der später noch die Rede sein soll. Doch bleiben zunächst die Voraussetzungen zu klären, die den Übergang von der – vor dem besagten Epochenjahr – ‹vorliterarischen› Zeit zu der nun formal und inhaltlich anspruchsvollen Literatur erst möglich machten.

Auskunft über das vorliterarische Theater geben nur wenige literarische Berichte aus späterer Zeit; hinzu kommen archäologische Zeugnisse sowie bestimmte Elemente der erhaltenen römischen Dramen. So ergibt sich folgendes Szenario: In Italien und auch in Rom existierten bereits öffentliche Darbietungen mit Tanz, Musik, Gesang, dramatischen Wechselreden und szenischer Aufführung, mit possenhaften, bisweilen obszönen Szenen, wie sie auf bildlichen Darstellungen erkennbar sind. Die italische und damit nicht-römische Tradition des Stegreiftheaters, auch als Posse oder Mimus bezeichnet, lässt sich im oskisch-umbrischen Gebiet nördlich und südlich von Rom lokalisieren. Insbesondere die Stadt Atella in Kampanien gilt als Zentrum dieses Typs szenischer Aufführungen, der sogenannten ‹Atellane› (*fabula Atellana*), die nun auch bereits verschriftlicht werden. Die Stücke arbeiten mit festgelegten Handlungsschemata und Rollen wie dem lüsternen Alten (Pappus), dem Dümmling (Maccus), dem Maulhelden (Bucco) und dem Vielfraß (Dossenus oder Manducus). Die erhaltenen Maskendarstellungen lassen die dargestellten Figuren als derb, bäurisch und ungebildet erscheinen. Dementsprechend wird das improvisierte Bühnenspiel gerne einer ländlichen – hier: der italischen, insbesondere oskisch-umbrischen – Kultur zugeordnet. Italische Schauspieltruppen werden auch in der Stadt Rom aufgetreten sein und haben ihre Künste möglicherweise auch in Form von ‹Schauspielunterricht› weiter vermittelt. Oder die Schauspielerei kam mit den Zuwanderern in die wachsende und prosperierende Stadt.

Aufgrund einer Reihe von Zeugnissen wissen wir, dass bereits im Jahr 364 v. Chr. an einer Feier zu Ehren des Iuppiter Optimus Maximus, den sogenannten *ludi maximi* (oder *Romani*), anlässlich einer Pestepidemie zum ersten Mal in Rom szenische Darbietungen (*ludi scaenici*) aufgeführt wurden. Der Historiker Livius (59 v. Chr – 17 n. Chr.) erwähnt das Ereignis in seiner Darstellung der römischen Frühgeschichte und fügt an dieser Stelle einen literaturgeschichtlichen Exkurs ein (*Ab urbe condita* 7,2). Aus der Perspektive seiner Zeit, den ersten Jahren des augusteischen Prinzipats (ab 27 v. Chr.), beschreibt er die Entstehung und Geschichte des römischen Theaters als etwas genuin Autochthones: Die Römer hätten einen etruskischen Kulttanz mit dem italischen Festbrauch der «feszenninischen Verse» (*versus Fescennini*) verbunden, einem volkstümlichen Redewettstreit. Aus dem Gemisch aus musikalischer, tänzerischer und dialogischer Darbietung habe sich die römische ‹Satire› (*satura*) entwickelt; auf dieser Grundlage habe Livius Andronicus mit der Einführung einer durchgehenden dramatischen Handlung und eines Chores das literarische Drama erschaffen. Livius ist offensichtlich bemüht, den etruskischen Hintergrund des römischen Theaters stärker herauszustellen als den griechischen. Dies erkläre, so sagt Livius, warum die lateinische Bezeichnung für Schauspieler (*histrio*) etruskischen Ursprungs sei. Auf etruskische Wurzeln gehen wohl auch die lateinischen Wörter für Maske (*persona*), Tänzer (*ludius*) und Flötenbläser (*subulo*) zurück.

Allerdings ist bereits die etruskische Kultur von der griechischen Tradition beeinflusst. In etruskischen Gräbern wurden kleine Terrakotta-Masken mit Typenfiguren der Tragödie und

Komödie sowie attische Vasen mit Darstellungen griechischer Theaterszenen gefunden. Das italische Stegreifspiel, das aufgrund der mündlichen Praxis am ehesten als genuin-römisch gelten könnte, ist zumindest vergleichbar mit griechischen Formen wie der Phlyakenposse oder dem Mimos; auch dabei handelt es sich um improvisierte Stücke mit typisierten sowie obszönen Figuren.

Berührungspunkte von Etruskern und Römern mit den Griechen gab es einerseits durch die Nähe zu den griechischen Kolonien in Südfrankreich (Marseille) und Kampanien, Süditalien und Sizilien, andererseits durch die Kriege, die Rom mit griechischen Stadtstaaten führte (erinnert sei hier an den ‹Pyrrhus-Sieg›, den Sieg gegen König Pyrrhus von Epirus im Jahr 279 v. Chr.). Infolge von Roms zunehmendem militärischen Engagement in Süditalien und Sizilien waren große Truppenteile in Unteritalien stationiert. Während des Ersten Punischen Kriegs, in dem es wesentlich um die Vormacht in Sizilien ging, leisteten jährlich bis zu 20 000 Soldaten ihren Dienst zu Land und zu Wasser. Die Städte Tarent in Süditalien und Syrakus auf Sizilien waren Zentren der griechischen Bühnenkunst, es gab Standesorganisationen von Dichtern, Schauspielern, Musikern und anderen Theaterleuten. In deren Vereinshäusern wurden auch die Texte der attischen Tragödien und Komödien aufbewahrt. Die dort stationierten römischen Soldaten kamen mit Sicherheit mit der griechischen Theaterkultur in Berührung, sahen sich die Aufführungen in den prächtigen Theatern an und brachten ihre Eindrücke nach Rom zurück.

Das römische Theater als griechischer Kulturimport

Hält man am ‹Epochenjahr› 240 v. Chr. als Orientierungspunkt fest, ergibt sich folgendes Szenario: Ein Jahr nach dem Ende des Ersten Punischen Kriegs wurden an den *ludi Romani* zu Ehren Jupiters in Rom zum ersten Mal griechische Dramen zur Aufführung gebracht, in der lateinischen Übersetzung des Livius Andronicus. Dem römischen Publikum wurden in einem Theater, das mit einer Holzkonstruktion anlässlich des Festes für Jupiter errichtet worden war, lateinische Tragödien und Komödien vorgeführt, die es zumindest in dieser Form noch nie gesehen hatte. Über die Einzelheiten dieser Aufführung ist nichts bekannt, doch ist das Ereignis vor allem deshalb von großer Wichtigkeit für die Theatergeschichte, weil in der Stadt Rom auf einen Schlag eine auf schriftlich fixierten und – da es sich um Übersetzungen griechischer ‹Klassiker› handelt – qualitativ hochstehenden Dramen basierende Theaterkultur etabliert werden konnte.

Dieser abrupte Wechsel vom bisher praktizierten improvisierten Schauspiel zu einer Inszenierung literarischer Dramen lässt sich am besten als gezielte kulturpolitische Maßnahme verstehen. Wie in griechischen Städten wurden fortan auch in Rom Tragödien und Komödien mit den Stoffen des griechischen Mythos öffentlich aufgeführt. Damit konnte sich Rom in die altehrwürdige griechische Tradition einreihen und auch umgekehrt – da Übersetzung immer auch Transformation und Interpretation erlaubt – die griechische in die eigene Kultur integrieren.

Den römischen Dramenautoren stand ein reicher Fundus griechischer Vorlagen zur Verfügung, die sie offenbar nicht bloß übersetzten; vielmehr kombinierten sie Teile aus mehreren Stücken miteinander. Terenz bezeichnet dieses Verfahren im Kontext der Selbstverteidigung gegen den Vorwurf, dass er durch die Verwertung mehrerer griechischer Komödien diese für die weitere Nutzung jeweils unbrauchbar mache, mit dem Ausdruck *contaminare* («vermischen» oder auch «verhunzen»). Auch in der modernen Forschung wird daher die Technik der Kombination von Szenen aus unterschiedlichen Vorlagen mit dem Begriff der ‹Kontamination› beschrieben.

Theater und Öffentlichkeit: Theateraufführungen als Teil religiöser Feste

Da die Dramen in Rom wie in Griechenland Teil von religiösen Festen waren, unterlagen sie der Organisation durch staatliche Instanzen. In Rom bestand kein unmittelbarer Zusammenhang mehr zwischen den Dramenaufführungen und dem ‹Theatergott› des griechischen Dramas, Bacchus oder Liber, dem römischen, mit Dionysos gleichgesetzten Gott. Die ersten szenischen Darbietungen an den legendären *ludi Romani* im Jahr 364 v. Chr. wurden zu Ehren Jupiters veranstaltet. Er blieb nicht der einzige Gott, dem in Rom Theateraufführungen gewidmet waren, vielmehr nutzte man im Laufe des späten 3. und bis zum Ende des 2. Jh. ganz unterschiedlichen Gottheiten geweihte Feste, um die Zahl der Spieltage zu vervielfachen und damit das Theater zum festen Bestandteil der römischen Kultur zu machen. Im Jahr 214 fanden an den *ludi Romani* an vier von fünf Festtagen Theateraufführungen statt. Bis zum Ende des 3. Jh. v. Chr. wurden auch an den Festspielen zu Ehren Apolls, an den ‹Volksfestspielen› (*ludi plebeii*) und am Fest für Ceres (*ludi Ceriales*) Theateraufführungen geboten. Rom konnte jetzt, zumindest was die Anzahl der Spieltage betraf, mit den Theaterstädten Tarent und Syrakus konkurrieren. Vor allem aber hatte man die Kulturhauptstadt Athen übertrumpft, wo nur zweimal im Jahr dramatische Agone stattfanden. Bezeichnend ist, dass diese Verdichtung öffentlicher Theateraufführungen in den Jahren des Zweiten Punischen Kriegs (218–201 v. Chr.) betrieben wurde. Im 2. Jh. v. Chr. folgte die Einrichtung der Spiele für die Göttin Magna Mater (*ludi Megalenses*) und für die Göttin Flora (*ludi Florales*). Gegen Ende der Republik ergab sich damit eine Zahl von mehr als 40 Spieltagen pro Jahr. Da nicht für jeden Anlass neue Stücke geschrieben und auch nicht bezahlt werden konnten, wurden ältere Stücke wiederaufgeführt.

Im Unterschied zum attischen Theater des 5. Jh., in dem die Bürger der Stadt als Laienmitspieler im Chor auftraten, war die Theaterproduktion in Rom gänzlich professionalisiert: Der zuständige Beamte beauftragte einen Dichter, ein Stück abzuliefern, und einen Theaterdirektor mit der Veranstaltungsregie. Der Dichter und der Theaterdirektor wurden für ihre Arbeit bezahlt. Die Schauspieler waren überwiegend Fremde, zumal Griechen, und die übrigen Mitglieder der Theatertruppe waren in der Regel Freigelassene oder auch Sklaven. Der Auftritt auf der Bühne war für römische Bürger zunächst unvorstellbar. Das änderte sich erst in der frühen Kaiserzeit, als mit Nero der

Kaiser in höchsteigener Person die Theaterbühne für die Selbstinszenierung nutzte.

Nach der Etablierung Roms als der führenden politischen und militärischen Macht im Mittelmeerraum erhielten die Feste und Schauspiele vermehrt auch innenpolitische Bedeutung: Politiker und Persönlichkeiten des öffentlichen Lebens konnten sich mit dem Sponsoring von Theateraufführungen die Publikumsgunst erwerben oder erhalten, zunehmend auch durch die Förderung bestimmter Schauspielertruppen und der Publikumsfavoriten unter den Schauspielern. Bis in der Mitte des 2. Jh. die erste permanente Spielstätte aus Holz errichtet wurde und ein Jahrhundert später Pompejus das erste Steintheater einweihte (55 v. Chr.), mussten die Theaterbühnen und die (Steh-)Tribünen, die sich in die baulichen Strukturen des Tempelbezirks einfügten, für jeden Anlass neu aufgeschlagen werden. Offenbar bot jedoch bereits die temporäre Konstruktion eines Theaters genügend Gelegenheit für die Inszenierung von Prestige und Autorität der Magistrate und ihrer Familien.

Das Theater war ein Ort der öffentlichen Kommunikation und funktionierte sozusagen als Massenmedium. Neben der Funktion einer politischen Schaubühne war das Theater vor allem auch ein Multiplikator von Wissen: Durch die Aufführung griechischer Dramen in lateinischer Übersetzung wurde das kulturelle Kapital der Griechen in kurzer Zeit einem großen Teil der römischen Bevölkerung zugänglich gemacht. Noch Cicero nennt unter den Möglichkeiten der Vermittlung politischer und ethischer Bildung neben den Eltern, der Amme, dem Lehrer und den Dichtern auch die Bühne (*De legibus* 1,47).

Der Prozess der Romanisierung des Theaters – Roms frühe Dramendichter

Die Geschichte des Dramas der frühen römischen Republik – in der Literaturgeschichte auch als ‹archaische Zeit› bezeichnet – lässt sich weitgehend aus Bruchstücken von Texten sowie aufgrund von Inschriften und archäologischen Zeugnissen (Vasenbildern, Terrakotta-Figuren, Reliefs und den erhaltenen

Theaterbauten) rekonstruieren. Nur gerade von zwei Dichtern aus republikanischer Zeit, Plautus und Terenz, überliefern die mittelalterlichen Handschriften einen größtenteils vollständigen Text ganzer Dramen, also allein aus dem Bereich der Komödie (S. 84–111). Von der römischen Tragödie der Republik sind über den Umweg der sogenannten indirekten oder sekundären Überlieferung immerhin ‹Fragmente› im Umfang von ca. 2000 Versen erhalten. Es handelt sich um Zitate aus Texten späterer antiker Autoren, die diese in unterschiedlichsten Zusammenhängen anführen. So illustriert beispielsweise Cicero in seinen philosophischen Schriften bestimmte Lehrinhalte oder stützt ein eigenes Argument, indem er Passagen aus einem Werk der ‹alten› Dichter einflicht. Viele Zitate und damit Fragmente entstammen den antiken Grammatiken, die ein seltenes Wort, eine außergewöhnliche Form oder eine syntaktische Besonderheit belegen wollen. Eine Vorstellung davon, wie ein Stück aufgebaut war, welche Figuren und Elemente des bekannten Mythos im Zentrum standen, welche besonderen Qualitäten ihm eigen waren, ist aus den Fragmenten schwer zu gewinnen. Die in der antiken Literatur genannten Werktitel lassen neben den Textresten nur noch erahnen, was die römischen Dramen im Vergleich mit den erhaltenen griechischen Vorlagen ausgezeichnet haben mag. Die uns zur Verfügung stehende Auswahl an Textzeugnissen ist somit nicht repräsentativ für die enorme Produktion und Wirkung des frühen römischen Theaters, wie wir sie aus den Urteilen antiker Autoren sowie aus den Informationen über Aufwand und Häufigkeit der Aufführungen erschließen können.

Nicht zuletzt liefert uns die antike Literaturgeschichtsschreibung Namen und Daten zu den prominentesten Dichtern; allerdings sind antike Biographien immer auch mit Legenden ausgeschmückt und ergänzen oder erfinden ‹Fakten›, um Lebenswege berühmter Menschen zu konstruieren und so ihre herausragenden Leistungen zu begründen.

a) Livius Andronicus, der Übersetzer Über den Archegeten der lateinischen Dramendichtung ist wenig bekannt: Sein Beiname Andronicus deutet darauf hin, dass er Grieche war. Er sei, so vermuten die Quellen, als Schauspieler in der Theaterstadt Tarent tätig gewesen. Als Sklave und Schulmeister einer Familie aus dem Geschlecht der Livier sei er nach Rom gekommen. Als Belohnung für seine Übersetzung der homerischen *Odyssee* ins Lateinische (im Versmaß des Saturniers) sei er freigelassen worden, wonach er den Familiennamen ‹Livius› tragen durfte. Seine Kompetenz als Übersetzer wurde in der Folge für die Dramenproduktion anlässlich des römischen Festes für Jupiter im Jahr 240 genutzt. Von seinen Tragödien sind uns 41 Verse erhalten, die jedoch keinen Aufschluss über seine literarische Leistung erlauben.

b) Gnaeus Naevius und die Entstehung der ‹Praetexta› In der römischen Theatergeschichte an zweiter Stelle genannt wird der Römer Gnaeus Naevius. Mit seinem Epos im Versmaß des Saturniers mit dem Titel *Bellum Poenicum* («Der punische Krieg») bringt er (erstmals?) Stoff aus der römischen (Gegenwarts-)Geschichte zur Darstellung. Auch die griechische Tradition der Tragödie mit historischen Stoffen, die uns in Aischylos' *Persern* fassbar ist (S. 23–26), greift Naevius auf. Von diesen Stücken sind uns allerdings nur Titel wie *Romulus* oder – alternativ – *Lupus* («Der Wolf») erhalten; offenbar gestaltete Naevius den Mythos von der Gründung Roms erstmals als Tragödie. Doch griff er auch im Drama wiederum Ereignisse der Gegenwartsgeschichte auf: Er machte den römischen Sieg gegen die Gallier im Jahr 222 v. Chr. zum Gegenstand einer Tragödie mit dem Titel *Clastidium*, dem Namen der keltischen Stadt in Ligurien, wo die Schlacht stattgefunden hatte. Das Kostüm des Schauspielers, der den siegreichen Feldherrn und Konsuln Claudius Marcellus spielte, war eine Toga mit dem breiten Purpurstreifen der Amtstracht, die sogenannte *toga praetexta*.

Dieses Kleidungsstück gab dem Genre der nationalrömischen Tragödie den Namen ‹Praetexta› (*fabula praetexta*), mit dem sie von den Tragödien mit mythischen Stoffen unterschieden wird. Analog dazu wird die Komödie mit Stoffen aus der römischen Lebenswelt mit Bezug auf das nationalrömische Gewand als ‹Togata› (*fabula togata*) bezeichnet. Die griechische Komödie erhält im lateinischen Sprachraum einen entsprechenden Gattungsnamen ‹Palliata› (*fabula palliata*) nach dem Mantel (*pallium*), der für die Griechen typisch ist.

Auch im Fall des Naevius lassen die erhaltenen spärlichen Fragmente kaum erahnen, wie seine Leistung als Dramendichter zu bewerten ist. Dass Naevius' historische Dramen vielleicht mehr boten als die bloße Dramatisierung von Ereignisgeschichte, lässt sein politisches Engagement gegen die Familie der Caecilii Metelli vermuten. In einer Komödie bzw. Togata soll er auch Scipio, den gegen Karthago siegreichen Feldherrn, verspottet haben. Dass Naevius gegen Ende des 3. Jh. v. Chr. in der nordafrikanischen Stadt Utica gestorben sein soll, wird in der biographischen Tradition mit einer Strafverbannung in Verbindung gebracht. Das Beispiel des Naevius kann als erster Beleg für die Sanktionierung zeitbezogener kritischer Dichtung in Rom verstanden werden. Der Vorfall wird oft auch zur Begründung herangezogen, dass die Togata fortan auf Spott und Polemik gegen Persönlichkeiten der Öffentlichkeit verzichtete, wie sie für die griechische Alte Komödie typisch waren. Dies mag auch der Grund dafür sein, dass mehr Palliaten nach dem Vorbild der griechischen Neuen Komödie, die als apolitisch gilt, produziert wurden.

c) Quintus Ennius, der ‹Allrounder› Während sich Livius Andronicus mit der Übersetzung griechischer Dramen in die lateinische Sprache und Naevius mit der Übertragung griechischer Formen auf römische Inhalte auszeichnen, liegen Ennius' Qualitäten im Bereich der Dramendichtung in der reflexiven Durchdringung der Stoffe. Allerdings bleibt wegen der prekären Überlieferungslage wiederum vieles schattenhaft. Dies ist umso schmerzlicher und auch umso erstaunlicher, als Ennius von den Autoren der späten Republik, namentlich Lukrez und Cicero, als Höhepunkt in der Geschichte der römischen Literatur gesehen wird.

Ennius ist 239 v. Chr. geboren, also ein Jahr nach dem ‹Epochenjahr›. Er entstammt einer Adelsfamilie aus Rudiae in Unteritalien. Die biographische Tradition bringt ihn auf Sardinien, wo er im Zweiten Punischen Krieg (218–201 v. Chr.) auf der

Seite der Römer Kriegsdienst leistete, mit Cato dem ‹Älteren› zusammen. Mit diesem soll er nach Rom gekommen sein, das offenbar bereits zu einem kulturellen Zentrum geworden war. Jedenfalls stand Ennius mit dem römischen Adel, insbesondere mit der Familie der Scipionen, in Verbindung und erhielt im Jahr 184 v. Chr. das römische Bürgerrecht. Er soll im Grab des Scipio Africanus, des Siegers im Zweiten Punischen Krieg, beigesetzt worden sein.

Neben einer Reihe unterschiedlichster Werke – darunter dem Epos *Annales* in daktylischen Hexametern, Satiren und Komödien – ist von Ennius auch ein philosophisches Werk (*Euhemerus*) bezeugt. Dies mag erklären, weshalb die Fragmente seiner Tragödien, die in 20 Titeln und gut 400 Versen fassbar sind, ein hohes Reflexionsniveau erkennen lassen. Es werden Themen aus dem Bereich der Mythenkritik (so im *Thyestes*), der Wirkungsmacht der Götter in der Welt und der göttlichen Gerechtigkeit (so im *Telamo*), der Wirkung von Untätigkeit und der Sinnhaftigkeit des Kriegsdienstes (so in der *Iphigenia*) diskutiert.

Ennius ist wie die meisten seiner Vorgänger und Zeitgenossen in der literarischen Produktion ein ‹Allrounder›. Das ändert sich in den folgenden Jahrzehnten des ausgehenden 3. und im ganzen 2. Jh., in denen sich eine Spezialisierung der Autoren auf eine bestimmte literarische Gattung feststellen lässt. Bereits Ennius' älterer Zeitgenosse Plautus beschränkte sich auf die Gattung Komödie, ebenso Ennius' jüngere Zeitgenossen Caecilius Statius (S. 85) und Terenz (S. 102–111), und auch im Bereich der tragischen Dichtung entwickelte sich ein Spezialistentum.

Die römische Tragödie im 2. Jh. v. Chr.

Die Produktion römischer Tragödien wuchs nach den gezielt geförderten Anfängen stetig. Allerdings ist sie allein in 24 Namen von Autoren, etwas mehr als 100 Werktiteln und wenigen Textfragmenten fassbar. Bereits in der antiken Literaturkritik werden neben Ennius zwei weitere Autoren genannt, die aus je unterschiedlichen Gründen aus der Menge der anderen herausragen.

a) Marcus Pacuvius; der Chor auf der römischen Bühne Ennius' Neffe Pacuvius ist der erste römische Dichter, der sich auf die Gattung Tragödie konzentriert. Von ihm kennen wir 13 Titel und etwa 425 Verse. Pacuvius gilt als gelehrter Dichter, und in dieser Hinsicht ist er mit den griechischen Autoren nichtdramatischer Literatur aus hellenistischer Zeit – die seine Zeitgenossen waren – vergleichbar: Aus den bekannten Mythen werden weniger bekannte Elemente oder neue Perspektiven zur Darstellung gebracht. So scheint Pacuvius in seiner Tragödie *Medus* den Medea-Mythos aus dem Blickwinkel des Medus, des Sohnes der Medea aus ihrer Verbindung mit dem Athenerkönig Aegeus, dargestellt zu haben.

Eine Szene in Pacuvius' Tragödie *Niptra* («Die Waschung») ist berühmt geworden durch Ciceros Kommentar in den «Gesprächen in Tusculum» (*Tusculanae disputationes* 2,48–50). Cicero zitiert im Kontext der Frage, ob der Schmerz ein Übel sei und ob der Weise unter Schmerzen leide, die Sterbeszene des Odysseus bzw. – im römischen Kontext – Ulixes. Dessen Sohn aus der Verbindung mit Kirke, Telegonus, hatte unwissentlich seinen Vater, den er in Ithaka aufsucht, tödlich verwundet. Ulixes' Gefolge trägt den Sterbenden auf die Bühne, wo er im Wechselgesang mit dem Chor, im tragischen Kommos, sein leidvolles Los beklagt. Eine ähnliche Episode enthielt wohl auch das gleichnamige Stück des Sophokles. Pacuvius übernimmt die Szene, lässt jedoch den Helden Ulixes seinen Schmerz unter Kontrolle halten. Ulixes ist zum einen also dem Ideal des stoischen Weisen nachgezeichnet, der seine Affekte kontrollieren kann; da die stoische Lehre erst im 4. Jh. v. Chr. begründet wurde, ist dieses Element klar post-sophokleisch. Zum anderen lässt sich die Szene mit der veränderten Technik der römischen Bühne erklären: Das Gefolge, das den leidenden Ulixes auf die Bühne bringt, ist wohl mit dem Chor identisch, der nicht mehr wie im griechischen Theater in der Orchestra (die im römischen Theater als Zuschauerraum genutzt wurde), sondern auf der Bühne agiert. Der Chor kann sich somit an der Bühnenhandlung unmittelbar beteiligen und tritt in physischen Kontakt mit dem Helden, der sich gegen die für ihn schmerzvolle Berührung wehrt. Die szenische Nähe dürfte es ermöglicht haben, die stoische Haltung des sterbenden Helden in seinem Kampf gegen den Schmerz wirkungsvoller zur Darstellung zu bringen.

b) Lucius Accius; Informationen zum Bühnenbild Auch Accius war, wie Pacuvius, Dichter und Gelehrter: Er verfasste in den Jahren 140–104 v. Chr. eine Reihe von Tragödien, von denen 45 Titel und knapp 700 Verse überliefert sind. Daneben war er offenbar auch mit Theatergeschichte befasst, wovon seine Schrift mit dem Titel *Didascalica* zeugt, mit der er die griechische Textgattung der Didaskalien (Informationen zu Dramenaufführungen in Listenform) weiterführt.

Am Beispiel von Accius' *Astyanax* lässt sich zeigen, wie die Forschung zur republikanischen Tragödie auf der Grundlage der spärlichen Textfragmente auch mit weiteren Zeugnissen arbeiten muss und kann. Der Verlauf der Dramenhandlung ist uns aus einer Reihe von griechischen Tragödien bekannt, auch aus Senecas Tragödie *Troades* (S. 121 f.). Nach ihrem Sieg gegen Troja können die Griechen wegen einer von den Göttern verhängten Windstille nicht absegeln. Denn die Götter verlangen die Opferung des Knaben Astyanax, des Sohnes von Hektor und Andromache, der als Enkel des Königs Priamos später einmal zur Gefahr für die Griechen werden könnte. Andromaches Versuch, ihn vor Odysseus' Häschern zu verstecken, misslingt. Eine Darstellung der Szene, in der Odysseus bzw. Ulixes der Mutter ihren kleinen Sohn entreißt, findet sich auf einem ursprünglich farbigen Terrakotta-Relief aus dem Grabmal eines Publius Numitorius Hilarus an der Via Salaria in Rom, das sich heute im Thermenmuseum in Rom befindet. Andromache, mit tragischer Frauenmaske, im Frauengewand und auf Plateauschuhen (Kothurnen), hält ihren Sohn – an der phrygischen Zipfelmütze als Trojaner erkennbar – am Arm fest. Sie wird jedoch von Ulixes, der an der bärtigen Maske zu erkennen ist, bedrängt. Das Relief lässt sich ins späte 1. Jh. v. Chr., also bereits in augusteische Zeit, datieren. Möglicherweise wurde Accius' Tragödie anlässlich des Begräbnisses zu Ehren des Toten aufgeführt. Die Szene illustriert zwar einerseits das Schicksal

Terrakotta-Relief mit Tragödienszene (Grabmal des P. Numitorius Hilarus, Rom).

der Besiegten, die ja als mythische Vorfahren der Römer gelten. Sie zeigt aber auch gerade den Moment in der römischen ‹Urgeschichte›, in dem mit dem Tod des letzten männlichen Erben des trojanischen Königshauses der Weg frei wird für die Gründung Roms, des ‹neuen Troja›, durch die Nachfahren des Trojaners Aeneas.

Das Relief ist für die Geschichte des römischen Theaters auch deswegen wichtig, weil es Rückschlüsse auf die Gestaltung der Bühnenrückwand (*scaenae frons*) erlaubt. Diese bildet die Kulisse für alle Dramentypen: Zu sehen sind Häuserfronten mit drei Türen, von denen die mittlere, die *porta regalis*, in den Tragödien (und in Plautus' Tragikomödie *Amphitruo*, S. 92) den Eingang zum Königspalast darstellt. Die beiden seitlichen Türen (die *hospitalia*) führen in weitere Häuser. In den Komödien werden meist nur die beiden seitlichen Hauseingänge benötigt; die mittlere Türe wird dann mit einem Vorhang verdeckt. Auf der – vom Publikum aus gesehen – linken Seite der Bühne führt der

Ausgang zum Hafen oder aufs Land, rechts in die Stadt und zum Forum.

Über Accius' Tragödie selbst lässt sich aus dem Relief allerdings wenig gewinnen. Die Fragmente stammen ausschließlich aus dem spätantiken Sprachlehrbuch des Nonius Marcellus, der sie zum Beleg seltener Wörter wie *vastitas* für ‹Verwüstung› (statt *vastatio*), *satias* für ‹Sättigung› (statt *satietas*), *miseritudo* für ‹Unglück› (statt *miseria*) und Formen wie den Genitiv *aspecti* (‹des Anblicks›) statt *aspectūs* zitiert. Das sind Bruchstücke eines mehrere hundert Verse umfassenden Texts, die wenig über die Eigenheiten und die Wirkung des *Astyanax* aussagen, aber immerhin für die Sprachwissenschaft einen Fundus von interessantem Material bieten. Prominente Aufnahme hat Accius auch in die modernen Latein-Grammatiken gefunden: Ein Ausspruch des Atreus, des Königs von Mykene, aus Accius' *Atreus* wird gerne herangezogen, um den Typus des konzessiven Konjunktivs zu erläutern: «Mögen sie mich doch hassen, solange sie mich auch fürchten» (*Atreus*, Frg. 203 Ribbeck: *oderint, dum metuant*).

Die Form des römischen Dramas

Das römische Drama ist ähnlich aufgebaut wie seine griechischen Vorlagen. Sowohl Tragödie als auch Komödie beginnen mit einem Prolog, in dem eine Figur oder ein Schauspieler, der die Rolle eines Vorsprechers (*prologus*) übernimmt, in die Dramenhandlung einführt (nicht jedoch bei Terenz) und gegebenenfalls Informationen zu den Umständen der Dramenproduktion vergibt. In der Tragödie tritt dann der Chor auf mit einer lyrischen Partie, dem ersten Chorlied. Die Abfolge der weiteren Akte, d.h. der größeren, in Einzelszenen gegliederten Handlungssequenzen, ist in der Tragödie durch die Chorlieder strukturiert. In der Palliata ist die Struktur lockerer, zumal da die Chorpartien fehlen. Bereits die antiken Philologen unterteilten auch die Komödientexte in fünf Akte, entsprechend der in der antiken Dramentheorie postulierten Fünf-Akt-Regel. Die Seneca-Dramen sind bereits gemäß dieser Regel gegliedert. Der Prolog gilt dort als 1. Akt, der Schluss, der in der griechischen

Tragödie mit dem Auszug des Chores (der Exodos) endet (S. 24), als 5. Akt.

Die Sprechpartien sind im jambischen oder trochäischen Versmaß gedichtet, in denen sechs bis sieben Einheiten von Längen und Kürzen (υ – bzw. – υ) aufeinander folgen. Im republikanischen Drama sind diese Verse nicht nach Metren, sondern nach Versfüßen gegliedert. Ein jambischer Senar, der am häufigsten verwendete Sprechvers – in den senecanischen Tragödien ist dies wiederum der jambische Trimeter nach griechischem Vorbild –, besteht aus sechs Versfüßen in (scheinbar) lockerer Folge von Kürzen und Längen, die derjenigen des natürlichen Sprechens nahekommt. Längere Verse, d. h. Septenare mit sieben und Oktonare mit acht Versfüßen, werden auch als Rezitative, in einem Singsang mit Flötenbegleitung, vorgetragen oder gesungen. Für die Chor- und Einzelgesangspartien kann die ganze Palette der aus der griechischen Poesie bekannten lyrischen Versmaße verwendet werden.

Auch die Schauspieler übernehmen Gesangspartien, die in jambischen oder trochäischen Langversen gedichtet sind, sowie Arien in lyrischen Versmaßen. In Plautus' Komödien haben die Partien in gesungenen Langversen und lyrischen Metren (die sogenannten Cantica) einen Anteil von bis zu 80 Prozent, so dass man geradezu von Singspielen sprechen kann. Auf der anderen Seite verzichtet die römische Komödie gemäß der Tradition der griechischen Neuen Komödie auf den Chor (S. 57 f.). Den Schauspielern wurden in anspruchsvollen Gesangspartien gegebenenfalls Sänger an die Seite gestellt, die den Part übernahmen. Auch die musikalische Begleitung auf der Doppelflöte (*tibia*) war professionellen Musikern übertragen. Die Rolle der Musik kann kaum überschätzt werden: Die Gesangspartien wurden in Partituren aufgezeichnet, die jedoch nicht erhalten sind.

Das Drama der späten Republik und in augusteischer Zeit: Theorie und Praxis

Mit dem Tragödiendichter Accius war am Ende des 2. Jh. v. Chr. nicht allein ein weiterer Höhepunkt, sondern auch das vorläufige Ende der Geschichte des römischen Dramas erreicht. Zwar wurden weiterhin Tragödien geschrieben und aufgeführt, wie auch die Darstellung der Szene aus Accius' *Astyanax* auf dem Grabrelief vermuten lässt. Doch war die Zahl der Anlässe, an denen Stücke öffentlich zur Aufführung kamen, beschränkt. So wissen wir, dass der augusteische Dichter Varius Rufus mit der Komposition einer Tragödie beauftragt wurde; sein (verlorener) *Thyestes* wurde an den Feiern für den Sieg Oktavians (des späteren Augustus) bei Actium (31.v. Chr.) im Jahr 29 v. Chr. in Rom aufgeführt und brachte ihm ein hohes Honorar ein. Allerdings blieb dies die Ausnahme, was umso erstaunlicher ist, als nun auch in Rom eine ganze Reihe prächtig ausgestatteter Steintheater zur Verfügung stand, die die alten Holzkonstruktionen abgelöst hatten. Doch entsprach die anspruchsvolle und komplizierte Form der Tragödie offenbar nicht mehr dem Publikumsgeschmack. Aufgeführt wurden allenfalls einzelne Szenen, mit denen sich ein Schauspieler oder Sänger profilieren konnte. Die Themen und Fragen, die mit der Dramenhandlung auf der Bühne vorgestellt werden konnten, waren unwichtig geworden. Ähnliches kann für die Komödie gelten: Unterhalten wurde das Publikum im römischen Theater fortan vornehmlich durch mimische Schwänke, Pantomimen und Gladiatorenkämpfe.

In der Literatur der späten Republik und der augusteischen Klassik bleibt allerdings die Tragödie als Gattung lebendig. Nicht allein schrieb Varius Rufus seinen vielgerühmten *Thyestes*. Auch Ovid verfasste eine Tragödie *Medea*. Von einer Aufführung ist nichts bekannt, doch nimmt er selbst öfter auf das Stück Bezug, um seine anderen poetischen Gattungen vom Stil des Tragischen abzugrenzen. Das ‹Tragische› wird gleichsam zur Chiffre für das Schauerlich-Erhabene, auch für den pompösen und schwülstigen Stil. Bemüht wird dafür der im römischen Theater gerade nicht mehr relevante Zusammenhang mit Dionysos/Bacchus und seinem ekstatisch verzückten Gefolge. Auch der Kothurn, der hohe Schuh der tragischen Schauspieler, dient als Metapher für den großartig-erhabenen Stil in der Dichtung oder der Redekunst.

Als Beispiele für die fortlaufende Tradition der Gattung

können die Tragödien Senecas (ca. 1 v. Chr.–65 n. Chr.) gelten (S. 111–122). Im Fall der Komödie verläuft die Entwicklung dagegen anders: Die Texte aus republikanischer Zeit werden weiter gelesen, sind jedoch nicht Gegenstand theoretischer Abhandlungen. Allerdings werden die alten ‹Klassiker› auch nicht durch neue Produktionen verdrängt. Möglicherweise ist dies der Grund, warum ein großer Teil der plautinischen Komödien erhalten ist. Terenz wurde neben Vergil zum Schulautor, und seine Stücke sind vollzählig überliefert.

In augusteischer Zeit verweist Horaz in seiner *Ars poetica*, die über den hellenistischen Autor Neoptolemos von Parion (3. Jh. v. Chr.) auf Aristoteles zurückgeht (S. 59 f.), auf eine Reihe von Regeln, denen ein Dramenschreiber folgen soll. Die Tragödie muss sich (als *genus grande*) von der Komödie durch ihren hohen Stil abgrenzen; sie soll einen Stoff aus der Mythologie oder Geschichte behandeln; die Handlung und die Charakterzeichnungen sollen plausibel (*veri simile*) wirken; die Zahl der Akte wird auf fünf festgelegt; der Chor wird nicht mehr wie ein Schauspieler organisch in die Handlung eingebunden. Diese Elemente einer Regelpoetik dürften weniger die Praxis der Tragödiendichtung als die theoretischen Überlegungen zur Tragödie repräsentieren, wie sie in der späten Republik und weiterhin in der Kaiserzeit in Schulkontexten diskutiert und vermittelt wurden.

9. Plautus: Inszenierte Aneignung des Fremden

Die römische Komödie

Mit dem ‹Kulturimport› aus Griechenland, mit dem nach dem Ersten Punischen Krieg innerhalb kurzer Zeit die Hauptstadt der Siegermacht Rom zu einem kulturellen Zentrum geworden war, erhielt auch die Dramengattung der Komödie ihre Plattform. Dabei wurden jedoch nicht die Stücke der Alten Komödie von prominenten Autoren wie Aristophanes, Eupolis und Kratinos (S. 50–56) aus dem Griechischen übertragen, die an spezifisch athenische Kontexte gebunden waren. Hinzu kommt, dass dem Theater in Rom der Spott gegen bekannte Persönlichkeiten versagt war: Bereits das auf das 5. Jh. v. Chr. zurückgehende Zwölftafelgesetz verbot die Verspottung Angehöriger der römischen Elite durch sozial niedriger Gestellte, zu denen Dichter und Schauspieler gehörten. Die Geschichte von Naevius' Verbannung (in den 180er Jahren v. Chr.) liest sich wie eine Begründung dafür, dass die römische Komödie – zumindest vordergründig – apolitisch blieb (S. 76).

Die Komödien von Plautus und Terenz stellen vielmehr das kleinbürgerliche Leben und die Familie ins Zentrum. Dasselbe gilt für die römischen Autoren, deren Komödien uns nur fragmentarisch überliefert sind, unter denen nach antikem Urteil Caecilius Statius herausragte. Neben spärlichen Fragmenten der Togaten, der Komödien mit römischem Stoff, handelt es sich um Texte der Gattung Palliata, der Komödie nach griechischem Vorbild. Den Fundus an Vorlagen bieten die Stücke der sogenannten Neuen und seltener der Mittleren (griechischen) Komödie. Von den römischen Autoren am häufigsten genannt werden Menander, Diphilos und Philemon (S. 56–65). Weil in diesem Fall die griechischen Vorlagen zum größten Teil verloren sind, bieten die Komödien des Plautus und Terenz die Möglichkeit, die Texte Menanders, von dem immerhin längere Fragmente überliefert sind, zu ergänzen oder ein verlorenes griechisches Original zu rekonstruieren. Da die römischen Dichter bei der Abfassung ihrer Stücke Szenen aus mehreren Vorlagen miteinander kombinierten (S. 71), wird dieser Zweig der Komödienforschung, der die ‹kontaminierten› Textteile in einem strengen Analyseverfahren zu entflechten und genuin griechische von neu hinzugedichteten römischen Elementen zu trennen versucht, auch ‹Kontaminationsforschung› genannt. Anhand einer Textpassage, die sowohl in Plautus' Komödie *Bacchides* als auch in einem auf Papyrus überlieferten Fragment von Menanders «Der Zweimalbetrüger» (*Dis exapaton*) fassbar ist, lässt sich zeigen, dass der plautinische Text die griechische Handlung weitgehend übernimmt, jedoch Gedanken umstellt, Szenen weglässt, andere einfügt und die Reden mit neuen Witzen füllt. Der Prozess der

Umdichtung einer griechischen Vorlage entspricht jedenfalls eher der Transformation als der Übersetzung und wurde offensichtlich für kreative Eigenleistung genutzt.

Der Schauplatz der Handlung sind in der Palliata griechische Städte, meist Athen. Die handelnden Personen tragen – mit wenigen begründeten Ausnahmen – griechische Namen. Das Repertoire an Rollen ist begrenzt und ähnlich wie im Stegreiftheater der vorliterarischen, mündlichen Tradition wird mit bestimmten Rollenschemata gearbeitet. Die Hauptrollen spielen folgende Figurentypen: der ältere Familienvater oder Hausherr, der mit einer konservativen Haltung die Hausordnung und den Besitzstand wahren will; der unerfahrene junge Mann, meist auch Sohn oder Ziehsohn des Hausvaters, der in ein Mädchen verliebt ist und sich, da die Verbindung nicht den bürgerlichen Vorstellungen des Vaters entspricht, in Intrigen verwickeln lässt; der schlaue Sklave, der den jungen Mann bei seinen Eskapaden unterstützt und als ideenreicher Trickster oft handlungsbestimmend wirkt; junge Frauen, die meist Dirnen (gemäß griechischem Sprachgebrauch: Hetären) sind oder von einem Bordellwirt als solche vermietet oder verkauft werden, die als Objekt sexueller Begierden der jungen Männer, manchmal aber auch der Hausväter, ebenfalls handlungsbestimmend sind (selbst wenn sie nicht auf der Bühne erscheinen). In den Nebenrollen treten der Bordellwirt, die alte Amme, weitere Sklaven, Soldaten, Schmarotzer (Parasiten) und andere Figuren (Verwandte, Zeugen) auf. Nicht zum Komödienpersonal der Palliata gehören Götter und Mitglieder des Adels oder von Königsfamilien; eine Ausnahme von dieser Regel macht Plautus' Tragikomödie *Amphitruo* (S. 90–96).

Gerade die mehr oder weniger stereotypen Plots und Figurenkonstellationen können leicht verständliche und daher unbeschwerte Unterhaltung bieten. Es werden Situationen und Konflikte in ‹normalen› bürgerlichen Verhältnissen durchgespielt. Zwar werden Normen verletzt und Ordnungen gestört, Grenzen der geltenden Moral überschritten, Menschen werden getäuscht, betrogen und verlacht. Doch am Ende werden Ruhe und Frieden wieder hergestellt und alle Beteiligten sind oder geben sich mehr oder weniger zufrieden, selbst wenn der Dramenschluss manche Frage weiterhin offenlässt. Selbst der Umstand, dass die ‹Helden› der Palliata keine römischen Namen tragen und die Bühnenhandlung immer an einen fernen griechischen Schauplatz verlegt ist, hat möglicherweise die Attraktivität der Stücke gesteigert. Denn so eröffnet sich dem römischen Publikum die Möglichkeit, im Theater einer anderen Welt zu begegnen.

Die römische Komödie lebt von der Bühnenwirkung, die durch Situationskomik, Intrigen, Verwechslungen, Wortwitz, Klamauk, teilweise auch durch brachiale Gewalt erzeugt wird. Um den Bühneneffekt zu steigern oder auch um einem Schauspieler die Möglichkeit zu bieten, seine virtuose Kunst zeigen zu können, änderten die regieführenden Theaterdirektoren bei Wiederaufführungen älterer Stücke oft ganze Passagen im Textbuch (das durch kein Copyright geschützt war). Spuren solcher Eingriffe in den originalen Dramentext sind dann erkennbar, wenn ein Stück mehrere einander ausschließende Szenen – meist Schlussszenen – aufweist. Die Texte blieben auf diese Weise variabel und ‹lebendig›, bis sie nicht mehr aufgeführt und im 2. Jh. n. Chr. schließlich ediert und damit zur Buchliteratur wurden. Die im Theaterbetrieb geübte Praxis der Textabänderung, die in der Editionsphilologie als (Schauspieler-)Interpolation bezeichnet wird, ist Grund dafür, dass auch die vollständig erhaltenen Komödientexte nicht ohne weiteres mit den Autororiginalen gleichgesetzt werden können.

Titus Maccius Plautus: Dichter und Schauspieler?

Plautus stammt aus der Stadt Sarsina in Umbrien, wo er möglicherweise als Mitglied einer Schauspielertruppe tätig war. Dafür spricht zum einen, dass die Tradition des Stegreifspiels in dieser Gegend Italiens verbreitet war. Zum anderen weisen die Namensteile Maccius und möglicherweise auch Plautus auf eine solche Tätigkeit hin. Denn ‹Maccius› erinnert an die Typenfigur aus der Atellane, den Dümmling Maccus (S. 68). ‹Plautus› deuten die antiken Quellen als sprechenden Namen: *plotus* sei ein umbrisches Wort für ‹Plattfuß›. Dies lässt sich entweder auf ein

Körpermerkmal des Namensträgers oder – und das erscheint attraktiv – als Bezeichnung für den Schuh verstehen, den die Komödienschauspieler trugen, der im Gegensatz zum hohen Plateauschuh der Tragödie, dem Kothurn, flach war. Die Zusammensetzung des Namens ist nach römischer Konvention gebildet: Maccius steht anstelle des Familiennamens (eine römische Familie der Maccii hat jedoch nie existiert), Plautus entspricht dem Cognomen. Den Vornamen Titus kann Plautus angenommen haben, um römischer Konvention zu entsprechen. Er war jedoch kein Römer, sondern wird im Zusammenhang mit Roms Entwurf eines neuen Kulturprogramms in die Hauptstadt gekommen sein (S. 67–77).

Geboren ist Plautus vor 250 v. Chr., also ein gutes Jahrzehnt vor dem ‹Epochenjahr› 240. Seine ersten Komödien hat er in den Jahren 212/11 v. Chr., also während des Zweiten Punischen Kriegs, auf die Bühne gebracht. Die biographische Tradition macht ihn zu einem erfolgreichen und damit auch begüterten Theaterautor, der sein Vermögen verprasste und sich daraufhin als Sklave in einer Mühle verdingen musste. Dort habe er drei Komödien geschrieben und sich aus der Notlage befreien können. Die wohl fiktive Erzählung lässt sich entweder als Versuch verstehen, Plautus die Lebenserfahrung zuzuschreiben, die ihn zur Erfindung seiner Charaktere und Plots befähigte, oder umgekehrt als empathische Projektion der Schicksale der Dramenfiguren auf den Dichter selbst. Als Todesdatum nennen die Quellen das Jahr 184, das jedenfalls das Datum der Aufführung seines letzten Stückes ist. Plautus ist somit jüngerer Zeitgenosse des Gnaeus Naevius und gute 10 Jahre älter als Ennius. Im Gegensatz zu diesen beiden hat sich Plautus auf das Dichten einer einzigen literarischen Gattung, der Palliata, spezialisiert. Mit wenigen Ausnahmen sind die plautinischen Komödien nicht datierbar.

Die spärlichen und teilweise legendenhaften Informationen geben dem Autorbild des Plautus keine klaren Konturen, und auch das unter seinem Namen überlieferte Werk erlaubt es nicht, den authentischen Plautus genauer zu fassen. Die antiken Quellen schreiben ihm 130 Komödientitel zu. Erhalten sind 21 weitgehend vollständige Stücke. Der Gelehrte Marcus Terentius

Varro schreibt im 1. Jh. v. Chr., dass von den zahlreichen Komödien, die unter Plautus' Namen im Umlauf waren, allein 21 von ihm stammten. Allerdings wissen wir nicht, ob die überlieferten 21 Stücke mit den 21 sogenannten ‹Varronianae› identisch sind. Die Plautus-Forschung stellt die Echtheit mehrerer Stücke in Frage, so des *Persa,* des *Stichus* und des *Trinummus.* Die antike Praxis der Schauspielerinterpolationen lässt zudem an der Authentizität ganzer Szenen auch in den für unbestreitbar echt geltenden Komödien zweifeln.

Wertvolle Informationen zur Aufführungspraxis liefern die mittelalterlichen Handschriften: Aufgezeichnet sind darin zusätzlich zum Text der 21 Komödien auch Rollenbezeichnungen, Sprecherwechsel, Markierungen von Doppelfassungen, Textvarianten, Notizen zu den Umständen der Aufführung und Inhaltszusammenfassungen. Eine Auswahl an Stücken ist in einer Palimpsest-Handschrift aus dem 4. oder 5. Jh. n. Chr. überliefert, die allerdings im 19. Jh. von einem übereifrigen Philologen im Bemühen, die Schrift besser lesbar zu machen, zerstört wurde. Der überlieferte Text ist oft schwer verständlich und an vielen Stellen sicher fehlerhaft; teilweise wurde das archaische Latein von späteren Bearbeitern geglättet.

So bleibt auch die Identität des plautinischen Texts – wie die des realen Autors – schemenhaft. In jedem Fall aber sind die Komödien, die unter seinem Namen erhalten sind, antik. Sie konservieren Theaterskripte, die in der Zeit zwischen dem Ende des 3. Jh. bis mindestens in die späte Republik für Aufführungen benutzt und dem Publikumsgeschmack angepasst oder dem Talent der Schauspieler und den Ideen des Regisseurs entsprechend umgeschrieben wurden. Überliefert sind somit Theaterstücke, die auf der Bühne spielbar und für ein Theaterpublikum unterhaltsam sind, die offensichtlich den Aufwand der Wiederaufführung lohnten und das Interesse der Zuschauer immer neu zu wecken vermochten – nicht zuletzt auch der Leser und Leserinnen, die die Bühnenstücke in Buchform rezipierten.

Die Tragikomödie *Amphitruo*

Der Amphitryon-Stoff ist durch die inzwischen zahlreichen Bearbeitungen Gegenstand der Weltliteratur geworden. Als Modell dient meist der plautinische *Amphitruo*, als dessen Vorlage zum einen mehrere (verlorene) Tragödien von Sophokles und Euripides, zum anderen zwei ebenfalls nicht überlieferte Stücke der griechischen Mittleren Komödie in Frage kommen, die unter den Namen Rhinton und Plato (Comicus) bekannt sind. Plautus' *Amphitruo* ist somit in mehrfacher Hinsicht ein untypisches Beispiel für die römische Komödie: Vorlage und Stoff entstammen nicht der Neuen Komödie, sondern dem Mythos, der eigentlich Gegenstand der Tragödie oder der Mittleren Komödie ist (S. 61 f.). Das Personal sind nicht ‹normale› Bürger, sondern Amphitryon bzw. Amphitruo und Alkmene bzw. Alcumena, König und Königin von Troizen, zurzeit in Theben (dem Schauplatz des Stücks), sowie die Götter Zeus bzw. Jupiter und sein Sohn Hermes bzw. Merkur.

Auf diese Unstimmigkeiten lässt der Dichter seinen Prologsprecher Merkur gleich zu Beginn hinweisen: Der Gott kündigt an, dass er aus der Tragödie eine Komödie machen werde, da ja das Theaterpublikum eine solche erwarte. Da jedoch Könige und Götter in den Bereich der Tragödie gehörten, werde er eine Mischung aus Tragödie und Komödie herstellen und daraus eine Tragikomödie (*tragicomoedia*) machen (V. 59 und 63). Das Personal der Komödie sei durch den Sklaven Sosia repräsentiert (V. 62).

a) Der Plot Im Folgenden gibt Merkur ein kurzes Referat der Dramenhandlung: Amphitruo befindet sich auf einem Feldzug, seine Gattin Alcumena ist allein zuhause. Der Göttervater Jupiter, der sich in sie verliebt hat, nutzt die Gelegenheit und besucht sie in der Gestalt ihres Ehegatten. Er verbringt eine Nacht mit ihr, die bereits mit einem Sohn Amphitruos schwanger ist, und zeugt einen zweiten Sohn, Hercules. Um die Zeit mit Alcumena länger genießen zu können, verlängert er die Nacht und verabschiedet sich bei Tagesanbruch von seiner Geliebten, die ihre Einsamkeit und ihre Sehnsucht nach dem Gatten in einer Klage-Arie zum Ausdruck bringt. In diesem Moment kehrt der echte Amphitruo als siegreicher Feldherr zurück. Die eben noch klagende Alcumena ist verwirrt und macht ihm Vorwürfe, dass er ihr in seiner Abschiedsszene etwas vorgespielt habe. Amphitruo vermutet, dass sie ihn ihrerseits täuschen wolle, weil sie in der Nacht mit einem anderen Mann Ehebruch begangen habe, und verlangt die Scheidung. Gemäß römischem Recht braucht er Zeugen dafür, dass er in dieser Nacht nicht in Theben, sondern bei seinem Heer war; um den Zeugen zu holen, verlässt der echte Amphitruo die Szene erneut. Nun erscheint Jupiter nochmals in Amphitruos Gestalt und entschuldigt sich bei Alcumena. An dieser Stelle ist der Text in den mittelalterlichen Handschriften durch eine Lücke unterbrochen. Die Handlung setzt wieder ein mit einem Streit zwischen dem verkleideten und dem echten Amphitruo; dieser ist natürlich verwirrt und, als der andere in den Palast zu Alcumena geht, verzweifelt. Die Spannung löst sich erst, als Alcumenas Amme erscheint; in Form eines Botenberichts verkündet sie die Geburt der Zwillinge Hercules und Iphicles und berichtet von dem sogenannten Schlangenwunder: Der kleine Hercules tötet die von der eifersüchtigen Juno gesandten Schlangen und erweist sich so als Gottessohn. Jupiter selbst habe ihr die Vaterschaft bestätigt. Amphitruo gibt sich versöhnt, da er seine Gattin ja mit dem höchsten Gott teilen durfte (V. 1125). Schließlich gibt Jupiter sich zu erkennen, indem er als Deus ex machina in Form von Donner und Blitz in Erscheinung tritt. In einer Rede aus dem ‹Off› gesteht er, dass er Alcumena zu seiner Geliebten gemacht und geschwängert habe, indem er «ihren Körper auf Zeit genutzt habe» (*usuram corporis cepi*). Er spricht sie von jeder Schuld frei und steigt «in den Himmel» auf (V. 1131–43).

Zu diesem mythischen Geschehen läuft ein Handlungsstrang nebenher, in dem die Figur des Sklaven Sosia die Hauptrolle spielt. Er war von seinem Herrn vorausgeschickt worden, um seiner Gattin von dem Erfolg auf dem Schlachtfeld zu berichten. Sosia tritt gleich nach Merkurs Prolog auf; er befindet sich in der Nacht, als Jupiter Alcumena besucht, auf dem Weg nach

Theben. Dabei bereitet er einen regelrechten Botenbericht vor, den er allerdings mit erfundenen Elementen anreichert; denn er selbst war vom Schlachtfeld geflohen und hatte sich während der Kämpfe im Lager den Bauch vollgeschlagen. In seinem Eifer geht er so weit, dass er für Amphitruo eine regelrechte Feldherrnrede erdichtet. Die Schilderung des Siegs lässt er in einem Canticum (Gesang in lyrischem Versmaß) enden. Als er zum Palasttor – der *porta regalis*, in der Mitte der Bühnenrückwand – kommt, tritt ihm Merkur entgegen, der sich inzwischen als Sosia verkleidet hat, und verwehrt ihm den Zugang, damit Jupiters ‹lange Nacht› mit Alcumena nicht gestört werde. Der echte Sosia ist so sehr verwirrt durch die Begegnung mit seinem Spiegelbild, dass er in eine Identitätskrise gerät. Dem heimkehrenden Amphitruo erzählt er von dem zweiten Sosia, der ihm mit brachialer Gewalt verboten habe, zu Alcumena zu gehen. Amphitruo hält seinen Sklaven für betrunken und beschimpft ihn, macht jedoch gleich selbst dieselbe Erfahrung, indem er aus Alcumenas Bericht von seinem eigenen Doppelgänger erfährt und ihm bald darauf auch selbst begegnet.

b) Tragisches und Komisches Der *Amphitruo* ist für die Literaturgeschichte aus zwei Gründen interessant: Darin finden sich möglicherweise ein Hinweis auf die antike Dramentheorie und die Versuche einer Definition der Gattungen durch die Bestimmung ihrer Unterschiede (S. 84). Zum anderen gibt der *Amphitruo* in zumindest indirekter Weise Aufschluss über die sonst fast vollständig verlorene römische Tragödie der Republik. Denn der plautinische Text enthält tatsächlich, wie es Merkur im Prolog verspricht, Elemente, die auch aus rein formalen Gründen als ‹tragisch› erkennbar sind.

Als Paradebeispiel eines Versatzstückes aus der Tragödie kann die Klage-Arie der Alcumena gelten (V. 633–53): Nach dem Abschied des vermeintlichen Gatten, nach der langen gemeinsam verbrachten Nacht, beklagt sie ihren Trennungsschmerz und das Schicksal aller Menschen, nämlich dass auf Lust (*voluptas*) immer Trauer (*maeror*) folgen müsse. In der Pose tragischer Heroinen beginnt Alcumena in lyrischen Versen zu klagen: Trost biete ihr allein der Umstand, dass ihr Gatte als ruhmvoller Sieger aus dem Krieg zurückgekehrt sei; so würde sie auch weiterhin seine Abwesenheit ertragen können und sich ihrerseits um Tugend (*virtus*) bemühen. Sie erweist sich in ihrer Rede und der anschließenden Arie gleichsam als Modell der treuen Gattin, die sich den Interessen des Ehemannes unterordnet und sich an dessen Erfolgen erfreut.

Dem Publikum war diese Form des Vortrags aus der Tragödie vertraut, wo klagende Frauen zum festen Repertoire gehören. Allerdings wird Alcumenas Pathos gleich wieder unterlaufen: Auf der Bühne steht bereits der echte Heimkehrer Amphitruo, der Alcumenas Gesang mitanhört und sich als der langerwartete Held willkommen wähnt. Nicht allein die diskrepante Informiertheit von Bühnenfigur und Publikum, das weiß, dass Alcumenas Sehnsucht anders motiviert ist, trägt zum komischen Effekt bei. Komisch wirkt auch die Erscheinung der hochschwangeren Gattin, die sich mit dem Ruhm des Mannes über den Entzug der eben erlebten Liebeslust hinweg tröstet. Alcumenas Klage wirkt auf diese Weise wie eine Parodie auf die tragische Arie. Spätestens in dem Moment, als sie den eben noch schmerzlich vermissten Gatten mit den Worten empfängt: «Was kommt er denn zurück, da er eben sagte, dass es eilt?» (V. 660–1), erhält die Episode Züge einer Bürgerposse.

Bereits in Sosias Auftritt zu Beginn der Bühnenhandlung sind komische und tragische Elemente vermischt: Indem er einen Botenbericht zum Verlauf der Schlacht einübt, die er selbst nicht erlebt hat, weist er sich als Kenner dieser Redeform des klassischen Dramas aus. In der Tragödie hat sie in der Regel die Funktion, über Handlungen zu informieren, die mit Gewalt und Tod verbunden und daher auf der Bühne nicht darstellbar sind. Sosia erdichtet seinen Bericht gleichsam nach den Regeln der antiken Dramentheorie, indem er nicht die Realität, sondern das Wahrscheinliche beschreibt: ein Geschehen, wie es in der Wirklichkeit gewesen sein *könnte* (eine ähnliche metapoetische Reflexion stellt die Titelfigur, der Sklave im Stück *Pseudolus*, der «Lügenfreund», an, V. 401–3: *poeta ... facit illud veri simile, quod mendacium est*, «der Dichter ... macht wahrscheinlich, was er nur erfunden hat»). Das ‹Spiel im Spiel› mit dem tragisierenden Schlachtenbericht stellt zudem die typischen Züge des Komödiensklaven heraus: Er muss lügen, um seinen Auftrag erfüllen zu können; er tut dies aber mit der dabei üblichen Schlauheit, die in diesem Fall als virtuose Kenntnis poetischer Formen und Konventionen erscheint.

Merkurs Versprechen, aus der Tragödie eine Komödie zu machen, wird auch dadurch eingelöst, dass das tragische Personal komisch umgeformt – travestiert – wird. Amphitruo erscheint in der Rolle des gehörnten Ehemannes, der sich von seiner untreuen Gattin scheiden lassen will und einen Zeugen sucht, um den Prozess rechtmäßig durchführen zu können, sowie auch des Hausvaters, der mit seinem Sklaven schimpft, weil er ihm Dinge erzählt, die er nicht hören und wissen will. Jupiter ist zum einen der Typ des Jünglings, der in der Komödie über die Stränge schlägt und mit der Unterstützung seines Sklaven (des Gottes Merkur) den Hausvater (den König Amphitruo) austrickst. Der aus der Mythologie für seine zahlreichen Liebschaften bekannte höchste Gott avanciert auf der Bühne zum komischen Casanova. Alcumena wird zu seiner Geliebten «auf Zeit» und damit in die aus der Komödie vertraute Rolle der Dirne gedrängt. Am Schluss spielt Jupiter die ihm im mythologischen Pantheon ebenfalls eigene Funktion des Haus- bzw. Göttervaters, der die Hausordnung wieder herstellt. Amphitruo erscheint spätestens dann als der um Besitzwahrung bemühte Familienvater der Komödie, als er sich durch die Aussicht auf eine familiäre Verbindung mit dem höchsten Gott sogleich beschwichtigen lässt. Als Komödie weist sich das Stück auch dadurch aus, dass Amphitruo am Ende das Publikum auffordert zu applaudieren (*plaudite*).

Das Stück bewahrt jedoch nicht allein durch die formalen Reminiszenzen Züge der Tragödie: So bietet gleich zu Beginn die Szene, in der Sosia sich mit seinem Spiegelbild konfrontiert sieht (V. 441–2), mehr als den üblichen Klamauk der Verwechslungskomödie. Die Begegnung mit dem eigenen Selbst, das für das Publikum ebenfalls nur durch die konsequent im Rezitativ gehaltene Rede als Merkur zu erkennen ist, lässt Sosia an seiner

Identität zweifeln und führt ihn in eine existentielle Krise (V. 456–7: «Wo ging ich futsch, wo ward ich verwechselt, wo verlor ich die Gestalt? Oder ließ ich mich dort stehen, indem ich mich schlichtweg vergaß?»). Der Name des plautinischen Sosia wird in der Rezeptionsgeschichte zum Begriff des Doppelgängers schlechthin.

Auch Alcumenas Rolle bleibt nicht auf die der düpierten Gattin reduziert, die nach ihrer pathetischen Arie den heimkehrenden Mann mit einem genervten «Du schon wieder?» empfängt. Sie lässt sich durch die heftigen Vorwürfe, die Amphitruo ihr macht, nicht beirren und beschwört ihre Unschuld. Dabei beschreibt sie ihre moralischen Grundsätze klar und nüchtern und wird so tatsächlich zum Inbegriff der tugendhaften Gattin (V. 838–42). Nun ist es Amphitruo, der an seiner Selbstwahrnehmung zu zweifeln beginnt (V. 844). Das Paar wird durch Jupiters Maskerade zum Opfer göttlicher Willkür und in eine tiefe Ehekrise getrieben. Die Krise führt den Helden zwar nicht wie in der Tragödie durch einen Gattenmord in die tragische Schuld und Verstrickung, sondern bloß zur Drohung mit der Scheidung. Wenn aber Alcumena in ihrem Erstaunen darüber, dass Amphitruo sie einer «so bösen Tat» (*facinus tam malum*) für fähig hält, die Bühne verlässt (V. 858–60), wird kein komisches Lachen erzeugt. Kleist lässt im *Amphitryon* seine Alkmene die Erkenntnis, dass der höchste Gott sie in diese Situation geführt hat, mit einem deutungsoffenen «Ach» beschließen.

Für die Parodierung der Tragödie standen im griechischen Theater die Formen der Paratragodia («Tragödienparodie») und der Hilarotragodia («heitere Tragödie») zur Verfügung; die tragische Gattung und ihre Helden werden dort gänzlich der Lächerlichkeit preisgegeben und so von ihrem ‹hohen Kothurn› heruntergeholt. Dagegen weist Merkur den *Amphitruo* mit dem Begriff ‹Tragikomödie›, der hier zum ersten Mal belegt ist, von vornherein der Gattung Komödie zu, die jedoch, wie er mit dem ersten Teil des Kompositums deutlich macht, mit tragischen Elementen versetzt ist. Parodiert wird somit nicht die Gattung als solche, sondern einzelne Formen und Handlungsmuster. Offensichtlich wird damit gerechnet, dass das Publikum die verfremdeten oder parodierten Vorlagen erkennt und auf diese Weise im dramatischen Geschehen selbst mitspielt.

Die Begegnung mit dem Fremden: Poenulus

Die konventionelle Figurenkonstellation der römischen Komödie liegt dem Stück *Poenulus* zugrunde. Im Prolog wird auf eine griechische Vorlage mit dem Titel *Karchedonios* («Der Karthager») verwiesen (V. 53), der für die beiden Dichter der Mittleren und Neuen Komödie Alexis und Menander bezeugt ist. Die Bedeutung des lateinischen Diminutivs bleibt unklar; Übersetzungen wie «Der kleine Punier» (d. h. Karthager), «Der nette, harmlose Punier» oder auch – mit verächtlicher Konnotation der Verkleinerungsform – «Der mickrige, schäbige Punier» sind sowohl sprachlich als auch aufgrund der Dramenhandlung vertretbar. Denkbar ist auch, dass das Stück gerade mit dieser Bedeutungsoffenheit arbeitet.

a) Die Figuren und ihre Vorgeschichte Durch die Informationen des Prologsprechers wird das Theaterpublikum in die griechische Stadt Kalydon in Ätolien versetzt. Aus dem Referat der Vorgeschichte erfahren wir, dass in dem Haus des Griechen Antidamas, das durch die Tür auf der (vom Zuschauerraum aus gesehen) linken Seite der Bühne kenntlich gemacht ist, ein junger Mann namens Agorastocles wohnt, der Haus und Vermögen des Ziehvaters Antidamas geerbt hat. Agorastocles war als Knabe aus Karthago entführt und in Calydon dem reichen und kinderlosen Antidamas verkauft worden. Sein Vater, ein vornehmer und reicher Karthager (wie man später erfährt: namens Iahon), gab seinen Sohn verloren, machte seinen Onkel zweiten Grades zum Erben und starb vor Kummer. Agorastocles ist also der Typus des heiratsfähigen Jünglings, der in diesem Fall jedoch keinen gestrengen Vater zu fürchten hat. Damit bleibt offen, welche Schwierigkeiten der Dramenplot für Agorastocles vorsieht.

Der Prologsprecher fügt in seinen Bericht eine weitere Rückblende ein und lenkt den Blick erneut auf Karthago. Denn in dem Bordell, das durch die Tür auf der rechten Seite der Bühne markiert ist, wohnen zwei Schwestern namens Adelphasium und Anterastilis. Auch sie stammen aus Karthago und sind die Töchter jenes Onkels von Agorastocles' Vater (wie man später erfährt: namens Hanno). Sie wurden in ihrer frühen Kindheit von Seeräubern entführt und zusammen mit ihrer Amme Giddenis als Sklavinnen an den Bordellwirt Lycus verkauft, der sie nach Kalydon brachte. In der Zwischenzeit haben die beiden Mädchen ein Alter erreicht, in dem sie den Beruf der Dirne ausüben können. Da das Theaterpublikum damit rechnen kann und auch soll, dass sie bis zum Schluss des Stückes aus dem Bordell befreit und von einem freien Bürger geheiratet werden können, konzentriert sich die Aufmerksamkeit auf die Frage, durch wessen Hilfe und mit welchen Mitteln dies geschehen wird.

Erste Hinweise gibt bereits der Prologsprecher: Agorastocles hat sich in die Nachbarin Adelphasium verliebt. Seine Versuche, sie aus dem Bordell freizukaufen, werden vom Bordellwirt unterlaufen, um einen höheren Preis herausschlagen zu können. Einen Kaufinteressenten gibt es auch für die jüngere Schwester Anterastilis in der Person des Soldaten Antamoenides. Der Vater der beiden Mädchen (Hanno) reist seit Jahren von Stadt zu Stadt und sucht seine Töchter. Nun ist er in Calydon angelangt, so dass dem kundigen Theaterpublikum klar sein muss, dass er sie hier finden wird. Die Aufmerksamkeit kann sich auf die Frage richten, wie der Plot funktioniert.

Der Prolog schließt mit der Vergewisserung des Sprechers, dass das Publikum die komplizierten Verwandtschaftsbeziehungen im Kopf behalten möge (S. 98).

b) Zwei Intrigen Die Bühnenhandlung beginnt mit dem Plan für eine Intrige, die der schlaue Sklave Milphio zusammen mit seinem Herrn Agorastocles gegen den Bordellwirt Lycus spinnt, mit dem Ziel, Adelphasium endlich freikaufen zu können. In der zweiten Szene treten die beiden Mädchen auf, die sich für das bevorstehende Venusfest, die Aphrodisia, herausputzen. Dort sollen sie sich zum ersten Mal in der Öffentlichkeit als Dirnen präsentieren, und so führen sie auch bereits das für die Komödie typische Hetären-Gespräch.

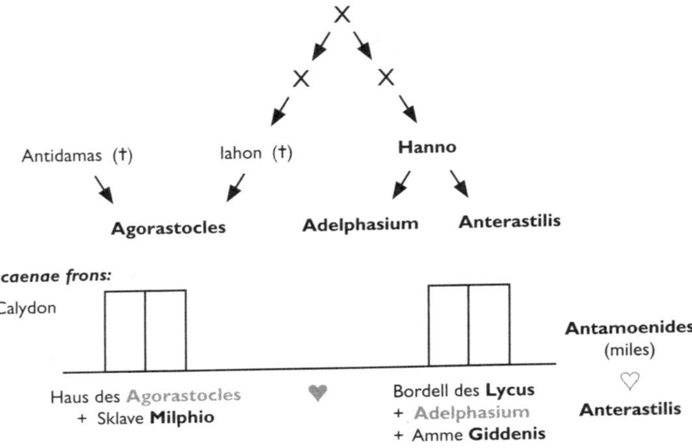

In den folgenden drei Akten wird die geplante Intrige erfolgreich umgesetzt. Der Bordellwirt Lycus wird in den Ruin getrieben und muss die Mädchen hergeben. Mit einer zweiten Intrige sollen die Schwestern nun auch zu freien Bürgerinnen erklärt werden, damit Agorastocles seine Adelphasium standesgemäß heiraten kann. Als Milphio von Lycus' Sklaven erfährt, dass die beiden Mädchen aus Karthago stammten und Freigeborene seien, fehlt nur noch ein Zeuge, der dies bestätigt. Da es in der gegenwärtigen Situation aussichtslos erscheinen muss, einen solchen zu finden, beschließt man, einen zu kaufen.

c) Der Karthager und seine Familie In diesem Moment, im 5. Akt, tritt Hanno auf die Bühne. Seinen Auftrittsmonolog, ein Gebet an die Götter mit der Bitte um Beistand, hält er in punischer Sprache (V. 930–9). Dem (römischen) Publikum wird die Rede durch eine Simultanübersetzung ins Lateinische verständlich gemacht (V. 950–60). Hanno trägt ein buntes, gürtelloses Gewand und Ohrringe und ist damit offenbar sofort als Punier identifizierbar. Dies ergibt eine Szene mit hohem Potenzial für Sprach- und Wortwitze sowie Situationskomik: Milphio, der mit Agorastocles auf der Bühne steht und den Auftritt beobachtend kommentiert, prahlt mit seinen Sprachkenntnissen, bietet sich als Dolmetscher an und spricht Hanno in einem mit punischen Brocken gemischten Latein an. Hanno antwortet zunächst auf Punisch, was Milphio auf abenteuerliche Weise übersetzt. Hanno ist des Lateinischen aber durchaus mächtig und entlarvt so den griechischen Sklaven als Scharlatan. Dieser wirft Hanno seinerseits vor, er hätte ihn mit seinen punischen Antworten hinters Licht geführt.

Hier und auch in den folgenden Szenen wird mit dem ethnischen Klischee des hinterhältigen Puniers gespielt, das in Rom unter dem ironischen Begriff der «punischen Treue» (*Punica fides*) gefasst wurde. Das Klischee gründet sich auf die römischen Erfahrungen einerseits mit dem Erzfeind Karthago in der Bündnispolitik, andererseits mit der Gewitztheit der punischen Händler. Als Kaufmann aus Karthago gibt sich auch Hanno zu erkennen. Allerdings ist in der Situation ja gerade Milphio – gemäß seiner Rolle als Komödiensklave – der Trickster, der seine Intrige umsetzen will, der sich allerdings im Gegensatz zum Punier ungeschickt anstellt.

Es folgt nun eine Reihe von Wiedererkennungsszenen (Anagnoriseis): Hanno gibt sich als Gastfreund des Antidamas, des Ziehvaters des Agorastocles, zu erkennen. Agorastocles' Narbe von einem Äffchenbiss weist ihn als Hannos Neffen zweiten Grades aus. Hanno ist bereit, sich als Vater der beiden punischen Mädchen auszugeben, doch wird ihm sehr schnell klar, dass sie tatsächlich seine eigenen Töchter sein müssen. Mit der alten Amme Giddenis ergibt sich eine dritte Anagnorisis, Agorastocles und Hanno vereinbaren die Heirat und man plant ein von nun an geordnetes bürgerliches Leben in der allen gemeinsamen Heimatstadt Karthago.

In der Zwischenzeit (seit ihrem Auftritt im 1. Akt) waren die beiden Mädchen am Fest der Venus. Mit entsprechendem Gehabe treten sie in der vierten Szene dieses 5. Aktes auf: Adelphasium, die im 1. Akt noch edle Zurückhaltung geübt hatte, schwärmt in ihrer Auftritts-Arie von der Pracht der Aphrodisia und der Geschenke der Hetären im Tempel der Venus. Die jüngere Schwester berichtet stolz, dass sie die Schönsten von allen gewesen seien. Dem Publikum im Zuschauerraum und auf der Bühne bieten sie das Bild zweier Kokotten, an dem sich aber der verliebte Agorastocles durchaus erfreut.

Hanno nähert sich den beiden mit der ihm eigenen Vorsicht und zögert damit die letzte Wiedererkennungsszene hinaus – die Szene hat ja doch noch weiteres Potenzial für komische Effekte, und auch das ödipodale Moment wird nicht ausgespart: Sein Versprechen, den Mädchen eine Freude zu machen (V. 1217: *gaudio ero vobeis*), beantwortet Adelphasium mit dem Angebot, ihm dafür Lust zu bereiten (*at edepol nos voluptati tibi*), und ebenso interpretiert sie die von Hanno in Aussicht gestellte Freiheit als Preis für ihre Dienste (V. 1218). Schließlich erfolgt doch endlich die letzte Anagnorisis, alle freuen und umarmen sich. Man gruppiert sich zum malerischen ‹Familienfoto› (V. 1271–2). Die Gruppe präsentiert sich als anständige punische Bilderbuch-Familie mit einem stolzen Vater, zwei schönen Töchtern und einem braven Schwiegersohn. Allerdings enthält das Bild mit Hannos buntem Kostüm und dem Dirnenputz der Mädchen mehrere freche Farbtupfer. Diese verweisen zum einen auf das Prostituierten-Milieu, dem die Töchter – gerade noch rechtzeitig? – entronnen sind, zum anderen auf die allen Familienmitgliedern gemeinsame ethnische Alterität.

Auf der römischen Bühne präsentiert sich eine glückliche Familie aus der Stadt, mit der Rom einen langen und harten Krieg geführt hat und – abhängig von der (unsicheren) Datierung des Stückes – in einen weiteren verwickelt ist oder diesen unlängst überstanden hat. Das römische Publikum könnte also durchaus irritiert gewesen sein von der Vorstellung des punischen Familienglücks. Andererseits dürften in dieser Zeit in Rom punische Sklaven längst auch Teil lebensweltlicher Erfahrungen geworden sein. Milphios Behauptung, er sei des Punischen mächtig, wird dem Publikum also nicht unplausibel erschienen sein. Begegnungen mit der karthagischen Kultur ergaben sich für einen Römer auch in militärischen oder merkantilen Kontexten.

Da die Familie plant, wieder nach Karthago zurückzukehren, wird sie in die aus römischer Perspektive feindliche Welt entschwinden. Die Komödienhandlung lässt aber immerhin die

Vorstellung zu, dass in der verhassten Stadt durchaus auch liebenswürdige Menschen leben können.

d) Ausklang Allerdings ist das Stück noch nicht zu Ende, es sind ja noch mehrere Handlungsstränge offengeblieben. Zuerst tritt der Soldat Antamoenides auf, der Verehrer der jüngeren Schwester Anterastilis; er vermag aber die Familienidylle nicht zu stören und lässt von dem Mädchen ab. Dann erscheint der Bordellwirt Lycus, der Agorastocles das Geld zurückgibt, das ihm dieser als Anzahlung für Adelphasium gegeben hatte. Die beiden letzten Szenen haben offenbar die Funktion, die losen Enden zusammenzubringen, wirken aber eher matt. Hinzu kommt, dass die letzte Szene in zwei unterschiedlichen Textfassungen überliefert ist. Offenbar sind mit dieser Dublette Spuren einer Umarbeitung fassbar, die das Stück effektvoller enden lassen sollte. Die blassen Charaktere der beiden Griechen Antamonides und Lycus haben jedoch gegen die farbenfrohe Schar der Punier keine Chance. Hannos *Punica fides* muss neben dem Gebaren des Soldaten und des Kupplers geradezu feinsinnig erscheinen.

Wen auch immer man mit dem Titelhelden identifizieren will, den Kaufmann Hanno oder den als kleiner Junge aus Karthago entführten Agorastocles: Der *Poenulus* lässt sich sowohl als schlauer, als liebenswürdiger wie auch als harmloser Punier deuten, je nach Erfahrung oder auch Bereitschaft des mitspielenden Theaterpublikums, den Rahmen vertrauter Denkschemata zu durchbrechen.

Vom Theaterstück zum Musical

Die plautinischen Komödien bieten im Rückgriff auf das Repertoire bekannter Formen und Figurenkonstellationen insgesamt eine breite Palette von Plots und Charakterzeichnungen. Mit dem Handlungsschema der Verwechslungskomödie wird in der «Doppelten Bacchis» (*Bacchides*), den «Zwillingen» (*Menaechmi*) und im «Prahlerischen Soldaten» (*Miles gloriosus*) gearbeitet, mit dem Motiv der entführten Kinder und der Zusammenführung zur Familie in den «Gefangenen» (*Captivi*) und im

«Kofferstück» (*Vidularia*), mit der Wiedererkennungsszene von Vater und Tochter im «Schiffbruch» (*Rudens*). Die Bemühungen um den Freikauf einer Dirne aus dem Bordell stehen im «Kaufmann» (*Mercator*), im «Lügenfreund» (*Pseudolus*) und in der «Gespensterkomödie» (*Mostellaria*) im Zentrum, die auch mit den Affekten Eifersucht, sexueller Begierde und Habgier operieren. Die Motive Geiz, Geld und Mitgift stehen in der unvollständig überlieferten «Goldtopfkomödie» (*Aulularia*) im Zentrum. Die Verkehrung der Rollen inszenieren die «Eselskomödie» (*Asinaria*) und der «Perser» (*Persa*), wo der Hausvater und der Sohn gemeinsam um eine Dirne buhlen, so dass die ‹Hausfrau› die Rolle des Hausvaters übernimmt. Fast durchweg haben schlaue, Intrigen spinnende, teilweise feige, eigennützige, meist jedoch loyale Sklaven (und Sklavinnen) eine wichtige Funktion in der Dramaturgie eines Stücks.

Möglichkeiten der Variation bieten auch die Gesangspartien, die in unterschiedlicher Häufigkeit oder durch große Virtuosität der Schauspieler und/oder Sänger einem Stück seine Prägung geben können.

Einen Eindruck von dem (für uns in der Musikalität nicht mehr fassbaren) Operettencharakter und dem entsprechenden Bühnenbild vermag ansatzweise der amerikanische Filmmusical-Klassiker «Toll trieben es die alten Römer» (*A Funny Thing Happened on the Way to the Forum*) aus dem Jahr 1966 geben, das im Rückgriff auf mehrere Plautus-Komödien den Hollywood-Sandalenfilm parodiert.

10. Terenz: Die Komödie als Medium für Wertediskussionen

Publius Terentius Afer: Schützling der römischen Elite

Während Plautus eine schattenhafte Figur bleiben muss, lassen die historiographischen Quellen von Terenz als Persönlichkeit und Autor von sechs Komödien (Palliaten) ein recht klares Bild entstehen. Da Terenz in der Kaiserzeit und Spätantike zu den vier wichtigsten Schulautoren gehörte, sind verhältnismäßig viele Quellen überliefert. Die Daten zu Terenz' Leben bleiben jedoch vage und sind wie üblich mit legendenhaften Elementen angereichert. Aelius Donatus, der spätantike Autor eines Kommentars zu Terenz' Komödien, und sein Schüler Hieronymus, der eine Chronik mit christlichen und heidnischen Daten zusammengestellt hat, überliefern uns folgende Informationen: Gestorben ist Terenz im Jahr 159 (so Donat) oder 158 v. Chr. (so Hieronymus) im Alter von – hier variiert die Zahl in den mittelalterlichen Handschriften – 25 oder 35 Jahren. Als Terenz' Geburtsort wird Karthago genannt. Seinen Beinamen Afer («der Afrikaner») habe er wegen seiner dunklen Hautfarbe erhalten; ein Punier, d.h. semitischer Herkunft, kann er daher nicht gewesen sein. Er sei als Sklave – möglicherweise als Kind eines Beutesklaven aus den Punischen Kriegen – in die Familie des Senators Terentius Lucanus gekommen, der ihn freigelassen habe, und habe daher den Namen Publius Terentius angenommen. Die Freilassung habe er seinem Talent als Dichter zu verdanken (das reine Latein, das später Caesar und Cicero loben, kann er während seiner Ausbildung in Rom erlernt haben). Mit seinen Dramen habe Terenz ein beträchtliches Vermögen verdient, so dass er seine Tochter mit einem römischen Adligen verheiraten konnte. Nach der Aufführung seines letzten Stückes soll Terenz eine Studienreise nach Griechenland unternommen haben; danach sei er verschollen geblieben.

Seine Karriere als Komödiendichter verlief offenbar sehr erfolgreich: Er stand in der besonderen Gunst einer der mächtigsten Familien Roms, der Scipionen, die als Philhellenen offenbar an Terenz' Bearbeitung griechischer Dramen interessiert waren. Aemilius Paullus, dem Vater des Jüngeren Scipio, dem Sieger in der Schlacht bei Pydna am Ende des Dritten Makedonischen Kriegs im Jahr 168 v. Chr., wurden nach seinem Tod im Jahr 160 v. Chr. prächtige Leichenspiele ausgerichtet, an denen Terenz' Komödien «Die Schwiegermutter» (*Hecyra*) und «Die Brüder» (*Adelphoe*) aufgeführt wurden. Terenz' Nähe zur politischen und sozialen Elite Roms wird auch durch die Datierung der sechs Stücke deutlich: Seine produktive Zeit fällt genau in die Jahre zwischen dem Sieg von Pydna und Aemilius Paullus' Tod, nämlich in die Jahre 166 bis 160 v. Chr.

Informationen über dramenspezifische Eigenheiten der terenzischen Komödien finden sich in den Prologen, die nicht mehr die Funktion haben, in die Dramenhandlung einzuführen. Unter anderem verteidigt der Prologsprecher im Namen des Dichters die altbekannte Technik der Kontamination mehrerer griechischer Vorlagen gegen die Kritik seiner Gegner (S. 71). Diese umfasst auch den Vorwurf, dass sich Terenz bei der Abfassung der Komödien von «Adeligen» (*homines nobiles*) habe helfen lassen (*Adelphoe* 15–6), als deren Schützling und Günstling sich der Dichter somit klar bekennt. Über Details der Aufführung, d.h. Datum, Anlass, Name des Intendanten (Ambivius Turpio), Komponisten der Flötenmusik, Titel und Dichter der griechischen Vorlage, informieren zum einen die Didaskalien, die in den mittelalterlichen Handschriften den Komödientexten vorangestellt sind (mit Ausnahme der *Andria*); zum anderen findet sich solches Material auch in Donats Kommentar. So erfahren wir, dass die *Hecyra* nach zwei Misserfolgen und anschließender Bearbeitung durch den Autor insgesamt dreimal aufgeführt wurde; der «Eunuch» (*Eunuchus*) fand hingegen so großen Anklang, dass die Aufführung noch am selben Tag wiederholt wurde und dem Dichter das stattliche Honorar von 8000 Sesterzen einbrachte. Illustrationen zum Bühnenbild der Stücke mit Figuren in Masken und Kostümen, die auf antike Vorlagen zurückgehen, überliefert eine Reihe mittelalterlicher Handschriften zusammen mit dem Terenz-Text.

Auf die für die plautinischen Komödien charakteristischen Cantica in lyrischen Metren hat Terenz verzichtet; die musikalischen Partien sind auf die Rezitative und den Gesang in jambischen und trochäischen Langversen beschränkt.

Die «Frau von der Insel Andros» (Andria) – fast ein Familiendrama

Die *Andria*, Terenz' erstes Stück, wurde an den Spielen für die Magna Mater (*ludi Megalenses*) – eine aus Kleinasien ins römische Pantheon eingeführte Göttin – im Jahr 166 v. Chr. aufgeführt. Laut den Angaben im Prolog hat der Dichter in dem Stück zwei (heute verlorene) Komödien Menanders, die *Andria* und die *Perinthia* («Die Frau aus Perinthos»), miteinander ‹kontaminiert›, was ihm den Tadel seiner Gegner eingebracht habe. Dieser Rekurs des Prologsprechers auf – möglicherweise fingierte – gegnerische Kritik steigert die Erwartungen des Publikums, das in der Folge aufgefordert wird, die Qualität des Stücks aufmerksam zu prüfen.

a) Vater und Sohn – von der Unmöglichkeit der Kommunikation Aus den beiden Komödientiteln wird bereits deutlich, dass eine Frau im Zentrum des Bühnengeschehens stehen wird. Schauplatz ist Athen. Im Bühnenbild werden alle drei Türen der *scaenae frons* genutzt, die zu drei benachbarten Häusern gehören. Über die Figurenkonstellation informiert im 1. Akt der Dialog zwischen dem Besitzer des mittleren Hauses, dem athenischen Bürger Simo, und seinem Koch Sosia. Simo plant ein Hochzeitsfest für seinen Sohn Pamphilus mit der Bürgerstochter Philumena. Allerdings hat Simo erfahren, dass Pamphilus, von dem er sich lange das Bild des braven Mustersohns hatte bewahren können, heimlich mit der Dirne Glycerium liiert ist. Diese wohnt im benachbarten Bordell ihrer kürzlich verstorbenen Schwester Chrysis. Simo treibt die Hochzeitsvorbereitungen nun zwar eiligst voran, jedoch nur um seinen Sohn zum Eingeständnis seines Verhältnisses mit der Dirne zu zwingen und ihn dann zurechtweisen zu können. Denn Chremes, der Vater der Wunsch-Schwiegertochter Philumena, hat von Pamphilus' Verhältnis zu Glycerium erfahren und die Verlobung aufgelöst. Simo erhofft sich von seinem Sohn den Verzicht auf die heimliche Geliebte und damit die Chance, Chremes zu versöhnen und seinen Sohn doch noch standesgemäß verheiraten zu können.

Im Lauf des Bühnengeschehens erfahren wir, dass Simos ‹braver› Sohn seine Geliebte vergewaltigt und geschwängert hatte. Ihrer Schwester Chrysis hatte er auf dem Totenbett geschworen, dass er Glycerium nie verlassen würde. Andererseits fühlt er sich auch dem Vater Simo gegenüber zu Loyalität verpflichtet. In seine offizielle Verlobte, Philumena, ist nun aber eigentlich sein schüchterner Freund und Nachbar Charinus verliebt.

So ergibt sich folgendes Szenario:

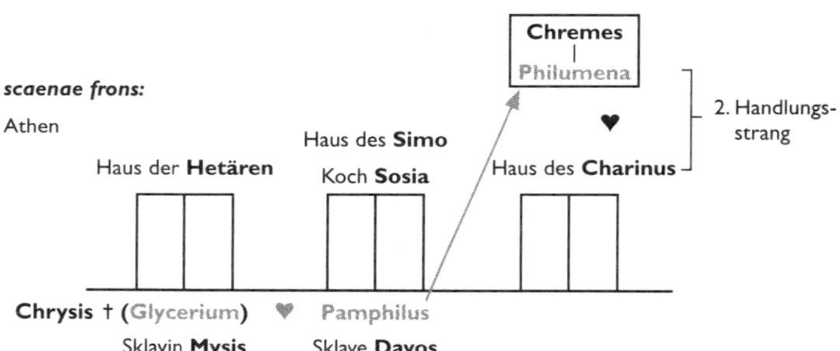

Durch diese beiden Handlungsstränge und emotionalen Konstellationen ist ein glücklicher Ausgang eigentlich bereits vorprogrammiert: Chremes kann seine Tochter mit Charinus verheiraten, Pamphilus kann Glycerium treu bleiben und für ihr gemeinsames Kind sorgen. Nur Simo müsste sein Projekt einer bürgerlichen Heirat seines Sohnes aufgeben. Die Geschichte wird jedoch, wie das kundige Publikum ahnt, auch in diesem Punkt für alle gut enden. Aber wie und auf welchen Umwegen?

Den geraden Weg zum Glück verhindern, wie man es im Erfahrungsraum des komischen Theaters gewohnt ist, weitere Intrigen. In der *Andria* basieren sie auf den Erwartungen von Vater und Sohn, dass der jeweils andere dazu gezwungen werde zu gestehen, was er verheimlicht. Doch führen Pamphilus' Unfähigkeit, seinem Vater von seiner heimlichen Liebschaft zu erzählen, sowie die mangelnde Bereitschaft des Vaters, sich mit dem Sohn auszusprechen, immer wieder zu der Aussicht, dass zwei junge Menschen, die sich nicht lieben, heiraten sollen. Da der Komödienplot dies erwartungsgemäß nicht zulässt, steigt die Spannung: Wie wird es gelingen, dass die ‹richtigen› Paare zusammenkommen?

Ein Schritt in Richtung Happy End scheint mit dem Schmerzensschrei der gebärenden Glycerium getan, der aus dem Haus ertönt. Nun wird auch noch das Neugeborene von Pamphilus' schlauem Sklaven Davos und Glyceriums treuer Sklavin Mysis für eine Intrige eingesetzt, die Chremes endgültig von Pamphilus' unseriösem Lebenswandel überzeugt. In der Rolle des Deus ex machina tritt zum Schluss Crito auf die Bühne, der Vetter der verstorbenen Chrysis aus Andros, und verkündet, dass Glycerium nicht die Schwester der Dirne Chrysis, sondern eine athenische Bürgerin sei, die auf Umwegen in das benachbarte Bordell gelangt war. Nun könnte Simo seinen Sohn also doch mit einer athenischen Bürgerstochter verheiraten und die Hochzeitsvorbereitungen weiter betreiben, und alle könnten zufrieden und glücklich sein. Doch Simo hält bis zuletzt alles für ein erfundenes Spiel und rechnet wiederum mit einer Intrige.

Als sich endlich – im 5. Akt, in der 3. Szene – die Gelegenheit zur offenen Aussprache zwischen Vater und Sohn ergibt, zeigt sich überraschenderweise Pamphilus bereit, die Geliebte wegzuschicken und sich Simos Plänen zu fügen (V. 897: *tibi, pater, me dedo*). Das Pflichtbewusstsein gegenüber seinem Vater scheint ihm also doch wichtiger zu sein als die Verantwortung gegenüber der Mutter seines Kindes. Jedoch erweist sich auch dieses Verhalten als Verstellung: Pamphilus will damit den sturen Vater allein dazu bewegen, sich auch den zweiten Teil von Critos Erzählung anzuhören. Glycerium ist nämlich Chremes' verlorene Tochter Pasibula, die seit einer Seereise nach Andros verschollen blieb.

b) Das Happy End und sein Preis Das Stück endet also mit der Aussicht auf eine Doppelhochzeit. Alle bekommen, was sie wollen: Pamphilus erhält seine Glycerium alias Pasibula; Simo kann seinen Sohn mit einer Tochter des Chremes verheiraten; Charinus kann um Philumenas Hand anhalten. ‹Friede, Freude, Eierkuchen› haben jedoch einen hohen Preis. Die kommunikative Inkompetenz von Vater und Sohn, die bis zuletzt mit Verstellung und Misstrauen überspielt wird, führt an mehreren Punkten in der Handlung für einige der Beteiligten fast zur Katastrophe. Nicht allein treibt Pamphilus' Verhalten die schwangere Frau bzw. junge Mutter zur Verzweiflung, sondern auch er selbst muss sich ständig verbiegen. Simo gelingt es bis zum Schluss nicht, die neue Situation zu akzeptieren, die es ihm nun unmöglich macht, den Sohn zurechtweisen zu können.

Den männlichen Figuren, die sich durchweg als unkommunikativ und letztlich als unehrlich erweisen, steht eine Reihe von Frauen gegenüber, die weitaus kompetenter erscheinen, allerdings mit geringerer Bühnenpräsenz auskommen. Die Dirne Chrysis, die sich zum Schluss allein als Titelheldin, die «Frau aus Andros», erweist, ist bereits tot. Im Bericht ihres Landsmannes Crito erscheint sie als gutherzige Hetäre, die sich noch auf dem Sterbebett um die ihr anvertraute ‹Schwester› gekümmert hat. Glycerium alias Pasibula hat ihren ‹Auftritt› allein hinter der Bühne. Philumena braucht in der Funktion, als Bürgerstochter die männliche Wertewelt zu repräsentieren, keinen Auftritt. Auf der Bühne agiert nur die Sklavin Mysis, die mit ihren Erzählungen nicht allein die kommunikationsunfähigen Männer, sondern auch das Theaterpublikum über das Geschehen hinter der Bühne informiert. Die wichtigste dramaturgische Funktion kommt jedoch der unsichtbaren Glycerium zu, die das Handeln der Männer motiviert und die Intrigen – unfreiwillig – auslöst.

c) Deutungen der Andria Bereits Donat hat Simo die Hauptrolle in dem Stück zugesprochen. In der älteren Forschung wird er als sorgender, jedoch strenger Vater wahrgenommen, der in seinem Sohn immer nur das Gute wahrnehmen will. Neuere Deutungen sehen ihn dagegen als selbstsüchtigen, jähzornigen Patriarchen, der seinen Sohn um jeden Preis zu einer guten Partie und einer bürgerlichen Heirat zwingen will und bis zuletzt nicht erkennt, worin dessen persönliches Glück besteht; mit seiner Borniertheit treibt er ihn so weit in die Enge, dass er seinen Treueschwur, wenn auch wiederum nur zum Schein, widerruft.

Den Umstand, dass die Figur des Simo so kontroverse Deutungen erfahren kann, wollte die sogenannte Kontaminationsforschung darauf zurückführen, dass Terenz ja gemäß den Informationen im Prolog zwei Komödien Menanders verwertet habe. Dies erkläre die Unstimmigkeiten und Brüche in Simos Charakterbild. Doch ist genau dieses irritierende Spiel mit konträren Urteilen eine genuine Eigenschaft des Dramas, die es weiterhin lesens- und sehenswert macht. In Simos Bemühen, die Ordnung und die Ehrbarkeit der Familie zu wahren, werden habitualisierte Verhaltensweisen einer ‹normalen› bürgerlichen Gesellschaft ausgespielt, die in bestimmten Situationen zum Problem werden können. Die «Frau aus Andros» entlarvt die Schwächen der männlichen Protagonisten, ihren Konflikt auszutragen: Denn die Verweigerung einer Aussprache macht es ihnen unmöglich, einen Kompromiss oder Konsens auszuhandeln. Wie in Plautus' *Amphitruo* muss der Deus ex machina die Lösung erzwingen.

«Die Brüder» (Adelphoe) – zwei Erziehungskonzepte

Die Titelfiguren der «Adelphen» sind zwei Brüderpaare, die je unterschiedlich sozialisiert sind. Das ältere Paar besteht aus Micio, der unverheiratet und kinderlos geblieben war, und Demea, der den älteren seiner beiden Söhne dem Bruder zur Erziehung überlassen hatte. In der Folge genießt der eine von Demeas Söhnen, Aeschinus, eine liberale Erziehung bei seinem Onkel Micio in der Stadt, so dass er das Leben in vollen Zügen genießen kann, während sein Bruder Ctesipho, der unter der Knute seines gestrengen und knausrigen Vaters auf dem Land lebt, auf diverse Tricks und die Hilfe des Bruders angewiesen ist, um auf seine Kosten zu kommen.

Im Komödienplot werden die beiden unterschiedlichen Erziehungsprinzipien mehrfach auf die Probe gestellt: Micio, der seinen Ziehsohn Aeschinus bewusst an der ‹langen Leine› lässt, wird mit der Tatsache konfrontiert, dass dieser mit der Tochter der Nachbarin einen unehelichen Sohn gezeugt hat. Demea, der überzeugt ist, dass nur harte Arbeit und ein sparsames Leben die Moral der jungen Leute festigen können, muss erkennen, dass sein Sohn Ctesipho sich in der Stadt mit einer (von Aeschinus eigens für seinen Bruder entführten) Dirne vergnügt. Beide ‹Väter› sehen sich von ihren ‹Söhnen› und damit auch in ihren Überzeugungen getäuscht. Im Lauf der Bühnenhandlung wird deutlich, dass ihre pädagogischen Ideale immer auch mit Eigennutz verbunden sind: Micios kulante Haltung ist mit der Erwartung verknüpft, dass Aeschinus ihn dafür umso mehr liebt (V. 49–52). Auf der anderen Seite kann sich Demea überlegen fühlen, weil er meint, seinen Sohn zu einem moralisch untadeligen Leben anleiten zu können. Dass der sture Demea scheitert, gehört zum Repertoire der Komödienhandlung. Doch wird auch der großmütige und allseits beliebte Micio kompromittiert. Demea lässt ihn in der Schlussszene das Opfer der eigenen Großzügigkeit werden, indem er allen am Geschehen Beteiligten auf Micios Kosten Versprechungen macht. So bringt er den eingefleischten Junggesellen sogar dazu, seine Nachbarin Sostrata zu heiraten. In einem für die Komödie typischen ‹comic reversal› schlägt der von niemandem geliebte Geizhals Demea nun selbst über die Stränge und rächt sich so an seinem Bruder, den er seine Beliebtheit teuer bezahlen lässt.

An der Schlussszene und der plötzlichen Verkehrung der Rollen hat bereits Lessing Anstoß genommen. Nicht zuletzt bleibt die Frage offen, welcher der beiden gegensätzlichen Erziehungsgrundsätze durch die Komödienhandlung schließlich favorisiert werden soll. Diese Unentschiedenheit wurde in der Terenz-Forschung auf den Umstand zurückgeführt, dass die *Adelphen* gemäß den Informationen des Prologs zwar auf eine (gleichnamige) Menander-Komödie zurückgehen, dass der Dichter sie jedoch mit der Dirnen-Raub-Szene aus den «Gemeinsam Sterbenden» (*Synapothneskontes*) des Diphilos angereichert habe. Des Weiteren wird geltend gemacht, dass das Stück ja an der Leichenfeier für den General Aemilius Paullus aufgeführt wurde; um dem römischen Ideal gestrenger Zucht und Genügsamkeit zu entsprechen, habe Terenz zum Schluss den gestrengen Bauern Demea, das zügellose Großstadtleben und Micios ‹Laissez-faire›-Prinzip ins Leere laufen lassen. Insgesamt hätten der frivole Zusatz aus der Komödie des Diphilos und der ‹römische› Schluss zu Brüchen in der bei Menander noch intakten Plotstruktur und zu Dissonanzen in der Charakterzeichnung der Figuren geführt.

Die ‹Brüche› und die irritierende Mehrdeutigkeit können jedoch geradezu als Signatur aller Terenz-Komödien gelten: Die Dramen stellen auf der Bühne Fragen zur Diskussion, für die Antworten vorgeschlagen, die jedoch meist nur teilweise auch als ‹richtig› herausgestellt werden. Mit dem Personal der Komödienfiguren werden menschliche Stärken und Schwächen inszeniert und auch unterschiedliche Denkmöglichkeiten und Problemlösungen evaluiert, ohne dass einer bestimmten Moral oder Ideologie der Vorzug gegeben wird. Falls Terenz' Umarbeitung der griechischen Vorlagen in den *Adelphen* zu den besagten ‹Brüchen› geführt hat, wurden dadurch Reflexionsgrad und Differenziertheit des Stückes nur gesteigert, ebenfalls der komische Effekt, den die Wandlung der ‹Spaßbremse› Demea zum Schluss erzeugt. Man könnte sich vorstellen, dass die Komödie an den Leichenspielen des Generals eine Gegenwelt zur düsteren Stimmung der Staatstrauer eröffnet und den öfter auch im Theater der Tragödie erzeugten ‹comic relief› («komische Entlastung») erzeugen konnte.

11. Seneca: Ästhetisierung von Macht, Gewalt und Leidenschaft

Lucius Annaeus Seneca: Philosoph, Staatsmann und Dichter

Nach Accius kommt die Produktion römischer Tragödien und Komödien fast zum Stillstand (S. 82 f.). Die Dichter der späten Republik und der augusteischen Klassik bevorzugen andere literarische Gattungen. Doch hatte sich der Publikumsgeschmack offensichtlich verändert und so werden schließlich auch die Wiederaufführungen der alten Dramen eingestellt. Unter den wenigen Dichtern, für die weiterhin Tragödien bezeugt sind, ragen drei heraus: In augusteischer Zeit sind dies Varius Rufus und Ovid (S. 83), in der frühen Kaiserzeit Seneca.

Neben seinen Tätigkeiten als Geschäftsmann und Schriftsteller machte Seneca Karriere in der Politik und stand in mehr oder weniger engem Kontakt mit den Kaisern Tiberius, Caligula, Claudius und schließlich Nero. Nach einer achtjährigen Verbannung unter Claudius, veranlasst durch die Kaiserin Messalina, wurde er im Jahr 49 n. Chr. an den römischen Kaiserhof berufen. Die neue Kaiserin Agrippina betraute ihn mit der Erziehung ihres Sohnes aus erster Ehe, Nero, der nach der Ermordung des Claudius im Jahr 54 n. Chr. im Alter von 17 Jahren zum neuen Kaiser ausgerufen wurde. Seneca soll Neros Antrittsrede geschrieben haben. Erhalten ist eine Satire aus seiner Feder, die den verstorbenen und im Kaiserkult zum Gott erklärten Claudius verspottet (*Apocolocyntosis*, «die Verkürbissung»). Seit den frühesten Jahren seiner politischen Tätigkeit verfasste Seneca philosophische Schriften, in denen er die Grundsätze der stoischen Ethik als Anleitung zur Lebensbewältigung vorstellt. Nach einem Konflikt mit dem Kaiser zog sich Seneca im Jahr 62 auf seine Landgüter zurück, war aber weiterhin schriftstellerisch tätig. Im Jahr 65 wurde Seneca der Beteiligung an der Pisonischen Verschwörung gegen Nero für schuldig befunden und zum Suizid gezwungen. In welchem Stadium seiner Biographie und unter welchen Kaisern Senecas Tragödien entstanden sind, lässt sich nicht bestimmen.

Bereits während seiner Tätigkeit als Neros Erzieher war Seneca mit mehreren politisch motivierten Morden konfrontiert. Claudius wurde vergiftet, weil er als Vater seines leiblichen Sohnes Britannicus jederzeit die Thronfolge zuungunsten Neros und Agrippinas hätte umstellen können. Britannicus wurde ein Jahr später, im Jahr 55 n. Chr., Opfer eines Mordanschlags. Der Muttermord folgte im Jahre 59; nach der Darstellung des Tacitus war das Motiv Neros Sorge, dass Agrippina sich mit einem anderen Mitglied der Kaiserfamilie verbinden würde, das ebenfalls Anspruch auf den Kaiserthron erheben könnte. Im Jahr 62 verstieß Nero seine Gattin Octavia, die Tochter des Claudius, mit der er aus dynastischen Erwägungen vermählt worden war; sie wurde im Exil getötet. Jeder der Morde lässt sich als Präventivmaßnahme gegen die Gefährdung von Neros Regime verstehen. Seneca wird über deren Planung informiert gewesen sein und sie möglicherweise aus Sorge um die Stabilität der kaiserlichen Macht und der politischen Situation in Rom toleriert haben.

Seneca ‹Tragicus›

Unter Senecas Namen ist ein Corpus von zehn Tragödien überliefert. Neun Stücke bringen mythologische Stoffe nach griechischen Vorbildern zur Darstellung. In dem sogenannten Codex Etruscus aus dem 11. Jh. stehen sie in der Reihenfolge, die in den modernen kritischen Ausgaben übernommen ist: *Hercules Furens* («Der rasende Hercules»), *Troades* («Die Troerinnen»), *Phoenissae* («Die Phönizierinnen»), *Medea*, *Phaedra*, *Oedipus*, *Agamemnon*, *Thyestes*, *Hercules Oetaeus* («Hercules auf dem Berg Oeta»). Das letztgenannte Stück wird aus stilistischen Gründen nicht Seneca, sondern einem unbekannten Autor, dem sogenannten ‹Oetaeus-Dichter›, zugeschrieben. Unecht ist jedenfalls die Praetexta *Octavia*, in der Seneca selbst zur Tragödienfigur wird; sie gehört wahrscheinlich in die flavische Zeit (69–96 n. Chr.). Die Form der Tragödien entspricht – mit Ausnahme des *Oedipus* und der offenbar unfertigen *Phoenissae* – dem Schema mit fünf Akten, die durch vier Chorlieder unterteilt sind. Für die Sprechpartien wird fast durchweg der jambische Trimeter verwendet, womit Seneca, anders als die Dramendichter der Republik, wiederum die Regeln der griechischen Metrik befolgt. Neben den Chorliedern bietet er auch Schauspieler-Arien in lyrischen Metren.

In der Seneca-Forschung gehören drei Fragenkomplexe zum Repertoire: (1) Mit dem Problem der Datierung der einzelnen Stücke verbunden ist die Frage nach Anspielungen auf konkrete politische Ereignisse. (2) Senecas Autorschaft philosophischer Schriften stoischer Prägung lässt den Schluss zu, dass auch den Tragödien stoische Konzepte zugrunde liegen. (3) Die Tatsache, dass keine Zeugnisse für die szenische Aufführung senecanischer Dramen überliefert sind, sowie das Wissen um den drastischen Rückgang der Dramenaufführungen in der frühen Kaiserzeit führen zur Vermutung, dass es sich um bloße Lesetexte oder Rezitationsdramen handelt, die von vornherein nicht für die Bühne geschrieben und aus technischen Gründen auch nicht aufführbar gewesen wären. Dabei mag das Urteil August Wilhelm Schlegels eine Rolle spielen, der zu Beginn des 19. Jh. die Texte als «über alle Beschreibung schwülstig und frostig» bezeichnet; sie seien «von aller theatralischen Einsicht entblößt» und «waren nie dazu bestimmt, aus den Schulen der Rhetoren auf die Bühne hervorzutreten.» Auch nach Schlegel betrachtete man Senecas Tragödien gern als bloße rhetorische Übungsstücke und als Serie von Deklamationen in fünf Akten.

Auch in der neueren Seneca-Forschung wird die Frage nach einem konkreten politischen Bezug weiterhin gestellt. Doch geht man nunmehr davon aus, dass die Gattung Tragödie mit dem Thema der meist blutig geführten Machtkämpfe *per se* immer auch politisch ist. Wenn man also, was oft versucht wird, in Senecas Tragödien eine Ähnlichkeit zwischen den mythischen Herrschern und dem historischen Nero erkennen will, ist dies nicht allein deshalb möglicherweise anachronistisch, weil die Datierung unsicher bleiben muss, sondern im Hinblick auf eine politische Interpretation auch unnötig.

Kaum mehr in Zweifel gezogen wird in der neueren Forschung, dass die Seneca-Dramen auch spezifisch stoische Konzepte wie beispielsweise Elemente der Affektenlehre oder das Motiv der Unverlierbarkeit der Tugend reflektieren und in der Dramenhandlung gleichsam auf die Probe stellen. Dies macht die Tragödien jedoch nicht zu philosophischen Lehrschriften.

Die Frage der Aufführbarkeit wird zumal in der angelsächsischen Seneca-Forschung klar bejaht. Damit wird auch die Auffassung, dass es sich bei den Seneca-Tragödien um Rezitations- oder sogar reine Lesedramen handelt, irrelevant. Allerdings ist davon auszugehen, dass die Bühnen in der frühen Kaiserzeit nicht mit denjenigen des ‹großen Theaters› der Republik zu vergleichen sind. Als Ort der Aufführung sind geschlossene Räume vorstellbar mit einem Publikum, das weniger an Bühnenspektakel als an einer rhetorisch ausgefeilten, d. h. auf schlüssige Argumentation und Überzeugungskraft ausgerichteten Rede interessiert war. Was seit Schlegel gerne als rhetorischer ‹Schwulst› bezeichnet wird, lässt sich unter den Begriff des ‹Comparativus Senecanus› bringen: Das Bestreben der senecanischen Figuren, möglichst grausam und böse zu sein, steigert sich bisweilen bis an die Grenzen des Denk- und Machbaren, und allein das, «was das bisher Gewohnte weit übersteigt» (*Thyestes* 267: *maius et solito amplius*), kann den Rachedurst der tragischen Helden und Heldinnen befriedigen. Die Seneca-Tragödien stehen mit ihren mythischen Stoffen, in denen es vornehmlich um Gatten-, Mutter- und Kindsmord, Kannibalismus und Inzest geht, einerseits in der Tradition der griechischen Dramen, die sie andererseits mit ihrer oft als barock bezeichneten Ästhetik des Schrecklichen und dem häufig eingesetzten Crescendo der – gelegentlich auch strukturellen, psychologischen – Gewalt sicherlich übertreffen.

Medea: Die Rache der verstoßenen Ehefrau und Mutter

Zu den berühmtesten Stoffen der antiken Literatur und in der Folge der Weltliteratur gehört der Medea-Mythos. Dem römischen Publikum der frühen Kaiserzeit ist er nicht allein aus der Lektüre griechischer Tragödien, allen voran der *Medea* des Euripides, sowie der römischen Dramen – möglicherweise auch noch ihrer Aufführung – bekannt, sondern auch aus der epischen und elegischen Argonauten-Dichtung:

Medea ist die Tochter des Königs von Kolchis am Schwarzen Meer (heute Georgien). Sie verliebt sich in den Griechen Jason, der mit dem Schiff Argo nach Kolchis gekommen ist, um das Goldene Vlies – ein Widderfell – zurückzuholen. Indem Medea dem Fremden hilft, verrät sie ihren Vater, den sie im Gefolge Jasons und der Argonauten verlässt. Auf der Flucht tötet sie ihren eigenen Bruder Apsyrtus und wirft dessen Leichenteile ins Meer, um die Verfolger aufzuhalten. Zurück in Iolkos sieht sich Jason mit den Machtansprüchen seines Onkels Pelias konfrontiert. Mit einem Trick sorgt Medea dafür, dass die Töchter des Pelias ihren Vater töten. Das Paar muss mit den beiden Kindern aus

Iolkos fliehen und findet in Korinth bei König Creo Aufnahme. Jason nimmt nun Creos Angebot an, seine Tochter Creusa zu heiraten und damit Thronfolger zu werden. Medea wird formell verstoßen, da sie als Verantwortliche für den Mord an Pelias eine Gefahr für Korinth darstellt; denn Pelias' Sohn Acastus droht mit einem Sühnekrieg. An diesem Punkt setzt die Dramenhandlung ein.

Akt I: Medea realisiert in ihrem Auftrittsmonolog, dass sie mit der bevorstehenden Hochzeit Jason verlieren wird. Akt II: Im Gespräch mit ihrer alten Amme entwickelt sie erste Rachepläne. Im Dialog mit König Creo verteidigt sie sich virtuos gegen die Anschuldigungen, mit denen ihre Vertreibung aus Korinth begründet wird. Doch zeigt sich Creo gnadenlos; immerhin gewährt er ihr Aufschub für einen Tag, um sich von den Kindern verabschieden zu können. So gewinnt sie Zeit für die Durchführung der Rache. Akt III: In der Begegnung mit Jason versucht Medea vergeblich, ihn zurückzugewinnen; auch der Appell an seine Solidarität im Gegenzug dafür, dass sie ja für ihn zur Verbrecherin geworden ist, und der Vorschlag, dass sie – gleichsam in der Rolle eines ‹Verbrecherpärchens› – gemeinsam fliehen, laufen ins Leere. Dagegen beruft sich Jason auf die Pflicht gegenüber den beiden Söhnen, die ihn zwinge, das Angebot des Königs anzunehmen (V. 545: *pietas vetat*). Hier erkennt Medea seine Schwachstelle: «So liebt er seine Kinder?» (V. 549: *sic natos amat?*), fragt sie in einer *a parte* gesprochenen Rede. An diesem Punkt also kann sie ihn treffen und verletzen. Akt IV: In einem Botenbericht erzählt die Amme von Medeas Aktivitäten als Zauberin, bevor diese selbst auf der Bühne erscheint. In einer Arie wendet sich Medea an die Göttin Hecate und bittet um Beistand. Sie braut ein Gift, mit dem sie ein Kleid für Jasons Braut durchtränkt, und überreicht es ihren Kindern, die es Creusa überbringen sollen. Akt V: Ein Bote berichtet von der Wirkung der Geschenke: Das Gift hat Creusa verbrannt, das Feuer hat auch den König getötet, den Palast zerstört und bedroht die Stadt. Nach einem letzten Ringen mit sich selbst tötet Medea die beiden Kinder und wirft sie Jason, der mit einem Trupp bewaffneter Soldaten erscheint, vor die Füße. Sie entweicht mit einem «geflügelten Wagen in die Lüfte» (V. 1025: *inter auras aliti curru vehar*).

a) Medea Senecana Senecas *Medea* ist in mehrfacher Hinsicht mit der *Medea* des Euripides vergleichbar. Als spezifische Unterschiede können jedoch die oben genannten Signaturen der Seneca-Dramen geltend gemacht werden:

Die senecanische Medea erscheint im Text als emotional intelligente Frau, die ihren Gatten immer noch liebt und bereit ist, ihm zu verzeihen. Als sie die Motivation für seine Ehe mit der Königstochter und damit seine Eigennützigkeit erkennt, beginnt sie ihn zu hassen. Sie kennt die Macht ihrer Affekte, sie versteht es, die Wucht ihres Zorns immer weiter zu steigern, so dass sie ihn am Ende, nachdem sie mit dem Gedanken an Jasons Egoismus die letzten Reste der Mutterliebe ausgemerzt hat, mit dem Mord an den von ihm geliebten Kindern bestrafen kann. Sie erweist sich als Kennerin der stoischen Affektenlehre, wie sie Seneca in seinem philosophischen Traktat «Über den Zorn» (*De ira* 2,1,4–5; 2,4,1) darlegt: Der aufkeimende Trieb (*impetus*) des Zorns entwickelt sich, wenn er nicht beherrscht wird, zur rasenden Wut (*furor*); doch Medea will den Trieb gar nicht erst beherrschen können, sondern vielmehr immer mächtiger werden lassen, um den Kindsmord ausführen zu können (V. 895–904). Darin sieht sie ihre wahre Natur bestätigt, erst so ist sie die ‹alte› Medea, wie sie aus dem Mythos bekannt ist: «Jetzt bin ich Medea. Am Bösen wuchs mein Geist» (V. 910). Jetzt kann sie sich sogar an den eigenen Gräueltaten erfreuen (V. 912–4).

Sie kennt auch die Logik der Herrscherdynastien, nach der Verantwortung, Dankbarkeit und Liebe nicht zählen und konsequent hinter den Plänen für politisch opportune (Ehe-)Bündnisse zurücktreten müssen. Sie weiß auch um das dynastische Potenzial Jasons und ihrer beiden Söhne. In der Auseinandersetzung mit den beiden mächtigen Männern, Creo und Jason, lässt sie sich nicht in die Enge treiben, sondern erweist sich mit ihrer schlüssigen Argumentation als intellektuell überlegen. Jason rechnet sie die Schuld an dem Mord an Pelias ebenso an wie sich selbst; denn «wem die Untat nützt, der tat sie» (V. 500–1: *cui prodest scelus, is fecit*).

Allerdings kann sie als Frau in politisch motivierten Entscheidungen nur verlieren. Nachdem kluges Argumentieren mit guten Gründen nichts hilft, wird sie zur Zauberin. Mit ihrem Auftritt im 4. Akt wird deutlich gemacht, dass sie die Grenzen des Normal-Menschlichen überschreitet. Statt rationaler Argumente kommen nun magische Praktiken zum Einsatz. Dies hätte Jason eigentlich ahnen können; denn er selbst hatte ihre Zauberkräfte öfter in Anspruch genommen, um seine Erfolge zu erzielen.

Medeas Rückkehr in ihre ‹alte› Rolle kündigt sich bereits im 2. Akt an, in einer dramentypischen Szene, in der die altvertraute Amme im Gespräch die tragische Heldin von ihrem verhängnisvollen Plan abzuhalten versucht. Als die Amme sich mit der Anrede «Medea» an sie wendet, fällt diese ihr ins Wort und setzt den Satz fort: «... will ich werden»(V. 165: *Medea – fiam*). Sie lässt sich nicht von ihren Racheplänen abbringen, die jedoch noch vage sind. Der Prozess, ‹Medea› zu werden, wird im Folgenden durch ihre Begegnung mit Jason und die Versuche, ihn wieder für sich zu gewinnen, einerseits aufgehalten, andererseits aber auch beschleunigt. Doch noch im Entscheidungsmonolog im 5. Akt regen sich erneut Zweifel und auch die Liebe zu Jason zwingt sie zu mehreren Positionswechseln. Doch bezwingt sie ihrerseits die Zweifel und Emotionen, indem sie die Kinder Creusa zuspricht, die deren Stiefmutter werden soll; so wird sie nicht die eigenen Kinder, sondern die der neuen Gattin Jasons töten. Den doppelten Kindsmord kann sie auch mit der Pflicht zur Rache begründen: Der Mord am ersten Kind wird als Vergeltung für den Brudermord an Apsyrtus geltend gemacht. Mit der zweiten Tötung vollbringt sie die Rache an Jason selbst. Erst jetzt ist sie auch wiederum die Medea, die sie in ihrer Heimat Kolchis gewesen war: Durch den doppelten Kindsmord werden der Verrat am Vater sowie der Verlust ihres Status als Königstochter und ihrer Unschuld abgegolten (V. 982–6).

Nachdem sie im 4. Akt zur Hexe geworden war, erscheint sie im letzten Akt wiederum als die klar denkende, berechnende und selbstbeherrschte Frau. Die Logik ihrer Argumentation ist auf eine erschreckende Weise bestechend, ihr Rachedurst und die grenzenlose Wut sind durchaus nachvollziehbar. Das ‹mitspielende› Publikum kann eigentlich nicht anders als mitfühlen und sogar auch hoffen, dass sie den kaltherzigen Egoisten Jason bestraft und dass ihr die Rache gelingt. In dem Moment, als sie ihm seine Söhne – ihre eigenen Kinder – tot vor die Füße wirft, mag man sogar auch selbst Genugtuung empfinden.

Doch darf das nicht sein: Indem Medea mit dem Flügelwagen abhebt, entfernt sie sich auch aus der Erfahrungswelt des Publikums. Die Grenzen des Humanen muss und soll man als Zuschauer nicht überschreiten. Ihre dämonische Natur, die bereits in der Zauberszene im 4. Akt deutlich geworden war, jedoch im 5. Akt wieder in den Bereich der menschlichen Erfahrung zurückgeholt wurde, lässt sie im buchstäblichen Sinn entrücken, so dass ‹wir› uns schlagartig nicht mehr mit ihr identifizieren können und wollen.

Das letzte Wort hat jedoch Jason. Im letzten Vers ruft er ihr nach: «Bezeug, dass, wo du hinfährst, keine Götter sind» (V. 1027). Der implizite Anspruch, dass die Götter dort sind, wo er zurückbleibt, provoziert jedoch viel mehr Zweifel, als dass er beruhigt.

b) Medea auf der Bühne In der Forschung wird gerade an der Schlussszene zu zeigen versucht, dass die Seneca-Tragödien insgesamt nicht für das römische Theater konzipiert und auch nicht aufführbar seien: Medea zieht sich, als Jason mit dem bewaffneten Trupp erscheint, mit der einen Kinderleiche und dem zweiten Kind auf das Dach ihres Hauses zurück (V. 973–4), von wo aus sie zu ihm spricht. In der Bühnenrückwand des römischen Theaters wird ihr Haus durch eine der Seitentüren markiert sein; ein vorstehendes und damit begehbares Dach gibt es nicht. Auch der in Horaz' *Ars poetica* formulierten Regel, dass Morde nicht vor den Augen des Publikums vollzogen werden dürfen (V. 185: *ne pueros coram populo Medea trucidet*), handelt Senecas *Medea* zuwider. Zudem muss sie ja eine Kinderleiche mit sich schleppen (V. 975).

Dagegen lässt sich einwenden, dass auch die antike Bühnentechnik es ermöglichte, einen erhöhten Ort zu konstruieren, der gleichsam mit dem deklarativen Sprechakt von Medeas Aussage zum Hausdach wird. Die Kinder können durch Puppen ersetzt werden. Die ‹Rolle› des Flügelwagens kann ein Bühnen-Kran übernehmen, wie dies bereits im griechischen Theater üblich war.

Auch dass Seneca seine Medea die Morde auf offener Bühne ausführen lässt, stellt die Aufführbarkeit nicht in Frage. Provokativ ist dagegen die sowohl mit den Kindsmorden als auch mit dem Zuwiderhandeln gegen die Dramentheorie inszenierte Transgression von Normen und Regeln. Diese Spielart des ‹Comparativus Senecanus› ist somit eine logische Folge der Bühnenhandlung: Der theatertechnisch ungewöhnliche Mord *coram populo* symbolisiert die exzessive Wut der verlassenen Frau und Mutter, verursacht durch die Selbstsucht und Machtgier des Gatten und Vaters.

Motivationen von Zorn und Mord: Oedipus und Troades

Die logische Konsequenz, mit der Senecas Medea ihr Anliegen vertritt und gegen andere Ansprüche verteidigt, ist den meisten senecanischen Figuren eigen. Dies soll an zwei weiteren Beispielen gezeigt werden.

a) Oedipus: Herrscher und Mörder Der Stoff des *Oedipus* ist auch dem modernen Publikum bekannt, der Dramenplot folgt weitgehend dem *König Oedipus* des Sophokles (S. 35–37). Wie Medea versteht es der senecanische Ödipus, mit einer schlüssigen Argumentation seinen Zorn gegen den Schwager Creo und den Seher Tiresias verständlich zu machen: Aus seiner Perspektive kann er nicht der Mörder seines Vaters sein und seine Mutter geheiratet haben, da seine Eltern beide in Korinth sind. Er kann Laius, seinen Vorgänger auf Thebens Thron und im Ehebett, nicht ermordet haben, da er angeblich von einer Räuberbande überfallen und getötet worden sei. Ödipus vermutet also mit gutem Grund ein Komplott gegen sich, den rechtmäßigen König von Theben, und in dieser Rolle ist er sogar verpflichtet, Creo in den Kerker werfen zu lassen (V. 707). In strikter Konsequenz ist er aber auch dann, als er seine eigene Schuld erkennt, weiterhin der gerechte Herrscher und führt die Bestrafung an sich selbst aus. Die Gerechtigkeit ist erst hergestellt, als er die Normentransgression, die er durch den Vatermord und den Inzest begangen hat, mit einer adäquaten und damit exzessiven Strafe vergelten kann: mit der Selbstblendung, die in einem Botenbericht dem Publikum mit allen bizarren Details ‹vor Augen› geführt wird.

Senecas Ödipus bewegt sich konsequent innerhalb der politischen Ordnung und nutzt die Mittel politischer Macht, auch im Exzess der Selbstbestrafung. Auch die Frage nach der Verantwortung für die Schuld, die ihm durch das Schicksal von vornherein auferlegt war, stellt er nicht. Er akzeptiert sein Los und die «grausamen Schicksalssprüche» und «folgt ihnen gerne» (V. 1061: *ducibus his uti libet*). Er verkörpert damit das Ideal des stoischen Weisen, der, wie Seneca in einem *Brief an Lucilius* mit dem Zitat eines Gedichts aus der Feder des griechischen Stoikers Kleanthes sagt, sich vom Schicksal führen lässt (*epist.* 107,11: *ducunt volentem fata, nolentem trahunt*).

b) Die «Trojanerinnen» (Troades) In den *Troades* wird ein Stoff aufgenommen, den das Publikum unter anderem aus einer gleichnamigen Euripides-Tragödie sowie beispielsweise aus Accius' *Astyanax* kennen kann (S. 79 f.). Nach der Zerstörung Trojas fordert der Seher Calchas im Auftrag der Götter einen politisch motivierten Ritualmord: Astyanax, der einzig überlebende männliche Spross der trojanischen Königsfamilie, muss getötet werden. Denn nur so kann verhindert werden, dass eine Generation von Rächern aus Troja die Griechen und ihre Söhne mit einem neuen Krieg bedroht. Andromacha setzt sich mit allen zur Verfügung stehenden Mitteln für das Leben ihres Kindes ein. Wie jedoch aus ihrem Reden und Handeln deutlich wird, motivieren sie neben der Mutterliebe auch die Liebe zum Gatten, den sie in ihrem Kind sieht, sowie der Wunsch, dass Astyanax tatsächlich zum Rächer (V. 471: *vindex*) des zerstörten Troja und der Königsfamilie werden kann. Mit ihrem Mutter- und Adelsstolz sowie dem Bewusstsein um das dynastische Potenzial ihres Sohnes liefert sie selbst die Legitimation für dessen

Ermordung. Als sie sich Ulixes und seinen Häschern in der Pose der Bittflehenden entgegenwirft und um Erbarmen bettelt, hält dieser ihr plausibel entgegen, dass auch er wie die anderen Griechen einen Sohn zu schützen habe – eben vor der Bedrohung durch Astyanax. Ulixes führt ihn auf die Mauern des zerstörten Troja, von wo aus sich der Knabe selbst in den Tod stürzt.

Mit der Plausibilisierung eines politischen Mordes, der für andere Menschen lebenswichtig ist, stellen die senecanischen *Troades* ein Problem zur Diskussion, das auch (und nicht nur) in der frühen Kaiserzeit virulent ist. Eine biographistische Interpretation könnte zum Schluss kommen, dass Seneca auf diese Weise seine eigenen Erfahrungen am julisch-claudischen Hof einbringt. Doch ist die Frage, ob sich Menschenleben gegeneinander verrechnen lassen, dem Mythos von Anfang an eingeschrieben und bleibt damit – auch ohne historischen Bezug – zeitlos.

12. Das Drama in der Spätantike – Ausblick

Die Theaterkritik der Kirchenväter

Die großen Bühnenerfolge wurden seit der späten Republik nicht mit subtilem Sprechtheater, sondern mit den virtuosen Formen des Pantomimus und Mimus erzielt, die die beiden Gattungen der Tragödie und Komödie ersetzten. Im Pantomimus stellt ein Pantomime die tragische Handlung im Ausdruckstanz dar; dabei spielt er mehrere Rollen gleichzeitig, während der Text von einem Vorleser (Anagnosten), Sänger oder auch von einem Chor rezitiert wird. Der Mimus löst die klassische Komödie ab und ‹reichert› sie mit obszönen Inhalten ‹an›.

Beide Formen des Schauspiels zogen von Anfang an auch den Vorwurf der billigen Effekthascherei und der ‹entsittlichenden› Wirkung auf sich. Diese Topoi der Theaterkritik wurden von den christlichen Autoren des 3. bis 5. Jh. n. Chr. weiter ausformuliert, so beispielsweise in Tertullians Schrift «Über die Spiele»

(*De spectaculis*). In Predigten und auch in Konzilsbeschlüssen werden für Christen Theaterverbote ausgesprochen. Die Umsetzung gestaltete sich nicht zuletzt deshalb schwierig, weil damit die Christen aus einem wesentlichen Bereich des öffentlichen Lebens der römischen Gesellschaft ausgegrenzt worden wären. Wie ein Nachklang zur platonischen Position wirkt Augustins autobiographische Erzählung von den negativen Emotionen, die Epos und Tragödie trotz ihrer Fiktionalität in ihm hervorgerufen hätten (*Confessiones* 3,2–3).

Neue Formen

Formen der Aneignung der wirkmächtigen Tradition des römischen Dramas, die mit Terenz' Komödien auch im Schulunterricht – zumindest in der Lektüre – weiter fortgeführt wurde, sind in den Texten fassbar, die wohl auf rhetorische Übungen zurückgehen, wie sie Augustin in den *Confessiones* beschreibt (1,26–7). Das auf einem Papyrus überlieferte Alcestis-Drama in 124 Hexametern, nach dem Aufbewahrungsort des Papyrus «Alcestis aus Barcelona» (*Alcestis Barcinonensis*) genannt, ist möglicherweise ein Produkt der Dramenlektüre im Schulunterricht. Den plautinischen Komödien ist in einigen Handschriften ein Text mit dem Titel *Querolus* («Der Jammerer») vorangestellt, ein Lesedrama mit Motiven aus Plautus' *Aulularia*, das sich ins 5. Jh. datieren lässt. Tertullian erwähnt den Versuch eines Hosidius Geta, mit Vergil-Versen, jedoch in dramatischer Form, eine Medea-Tragödie zu dichten (*De praescriptione haereticorum* 42). Dieser Beschreibung entspricht ein im Codex Salmasianus (Ende 7. oder 8. Jh.) überlieferter *Medea*-Cento in 461 Versen.

Neue Kraft entfaltete das römische Drama, als die Philologen in Renaissance und Humanismus die Texte, die das Mittelalter in Handschriften tradiert hatte, wieder entdeckten und lesbar machten und damit einen langen und fruchtbaren Rezeptions- und Transformationsprozess einleiteten. Allerdings hatte sich der Textbestand in der Zwischenzeit – zu wesentlichen Teilen seit der Antike – auf die genannten 21 Komödien des Plautus, die 6 Terenz-Komödien und das Corpus der 10 Seneca-Tragödien reduziert.

In seiner Novelle *Plautus im Nonnenkloster* (1882) lässt Conrad Ferdinand Meyer den päpstlichen Sekretär Poggio Bracciolini während der Zeit des Konstanzer Konzils (1414–1418) in einem Kloster eine Handschrift mit den Plautus-Komödien entdecken. Mit dem Hinweis, dass er als Gesandter des Konzils den Auftrag habe, das Kloster von sittengefährdenden Schriften zu säubern, und mit der Drohung, ein bei der Weihung der Novizinnen inszeniertes Scheinwunder zu entlarven, kann Poggio der Äbtissin den Codex entwinden. In der Nebenhandlung ist ein Komödienplot gespiegelt: Mit Hilfe der Intrige, die der Gelehrte Poggio nach Art des schlauen Sklaven spinnt, kann der Jüngling Hans von Splügen seine Geliebte Gertrude in dem Moment, als sie zur Nonne geweiht werden soll, aus dem Kloster befreien.

Literaturhinweise

[A] Textausgaben, [B] Übersetzungen, [C] weiterführende Literatur

1. Die «Geburt» der dramatischen Formen in der griechischen Welt

[A] Tragicorum Graecorum Fragmenta. Vol. 1, ed. B. Snell, Göttingen [2]1986. Poetae Comici Graeci, 8 Bde., edd. R. Kassel/C. Austin, Berlin 1983–1995. [B] B. W. Millis/S. D. Olson (edd.), Inscriptional Records for the Dramatic Festivals in Athens, Leiden/Boston 2012. The Birth of Comedy. Texts, Documents, and Art from Athenian Comic Competitions, 486–280, transl. J. Rusten, Baltimore 2011. [C] G. A. Seeck (ed.), Das griechische Drama, Darmstadt 1979. J. Latacz, Einführung in die griechische Tragödie, Göttingen 1993. L. de Libero, Die archaische Tyrannis, Stuttgart 1996. E. Csapo/M. C. Miller (edd.), The Origins of the Theater in Ancient Greece and Beyond. From Ritual to Drama, Cambridge 2007. H. Herter, Vom dionysischen Tanz zum komischen Spiel, Iserlohn 1947. B. Zimmermann, Die außerattische Komödie. Die attische Komödie, in: Ders. (ed.), Handbuch der griechischen Literatur der Antike, Bd. 1, München 2011, 664–800.

2. Die Tragödie als politische Kunst: Phrynichos und Aischylos

[A] Aeschylus, Tragoediae cum incerti poetae Prometheo, ed. M. L. West, Stuttgart 1990. Tragicorum Graecorum Fragmenta. Vol. 3. Aeschylus, ed. S. Radt, Göttingen 1985. [B] Aischylos, Tragödien und Fragmente, hg. u. übers. v. O. Werner, München [3]1980. [C] S. Föllinger, Aischylos. Meister der griechischen Tragödie, München 2009. M. Lloyd (ed.), Aeschylus, Oxford 2007. C. Meier, Die politische Kunst der griechischen Tragödie, München 1988. K. Reinhardt, Aischylos als Regisseur und Theologe, Bern 1949.

3. Sophokles: ‹Bessere Menschen, als sie es sind›

[A] Sophoclis Fabulae, edd. H. Lloyd-Jones/N. Wilson, Oxford 1990. Tragicorum Graecorum Fragmenta. Vol. 4. Sophocles, ed. S. Radt, Göttingen [2]1999. [B] Sophokles, Tragödien und Fragmente, hg. u. übers. v. W. Willige, überarb. v. K. Bayer, München 1966. [C] H. Flashar, Sophokles. Dichter im demokratischen Athen, München [2]2010. K. Reinhardt, Sophokles, Frankfurt a. M. [4]1976 ([1]1933). R. Lämmle, Poetik des Satyrspiels, Heidelberg 2013.

4. Euripides: Neue intellektuelle Herausforderungen

[A] Euripidis Fabulae, 3 Bde., ed. J. Diggle, Oxford 1981/84/94. Tragicorum Graecorum Fragmenta. Vol. 5. Euripides, 2 Bde., ed. R. Kannicht, Göttingen 2004. [B] Euripides, Tragödien, hg. u. übers. v. D. Ebener, 6 Bde., Berlin 1972/80. [C] M. Hose, Euripides. Dichter der Leidenschaften, München 2008. D. J. Mastronarde, Euripides. Dramatic Technique and Social Context, Cambridge 2010.

5. Aristophanes: Der geniale «Hanswurst»

[A] Aristophanis Fabulae. 2 Bde., ed. N. G. Wilson, Oxford 2007. Poetae Comici Graeci, Vol. 3.2, Aristophanes. Testimonia et Fragmenta, ed. R. Kassel/C. Austin, Berlin 1984. [B] Aristophanes, übers. v. L. Seeger, neu bearb. v. H.-J. Newiger/P. Rau, München 1968 (^{1}1845/48). [C] B. Zimmermann, Aristophanes, in: Ders. (ed.), Handbuch der griechischen Literatur der Antike, Bd. 1, München 2011, 764–800. N. Holzberg, Aristophanes. Sex und Spott und Politik, München 2010. P. von Möllendorff, Aristophanes, Hildesheim 2002.

6. Menander: Die Komödie als Erbin der Tragödie

[A] Menandri reliquiae selectae, ed. F. H. Sandbach, Oxford ^{2}1996. Poetae Comici Graeci. Vol. 6.2. Menander. Testimonia et Fragmenta apud scriptores servata, edd. R. Kassel/C. Austin, Berlin 1998. [B] Menander, Komödien. 2 Bde., hg. u. übers. v. P. Rau, Darmstadt 2013/14. Aristoteles, Poetik, hg. u. übers. v. A. Schmitt, Darmstadt 2008. [C] E. Csapo/H. R. Goette/J. R. Green/P. Wilson (edd.), Greek Theatre in the Fourth Century B. C., Berlin/Boston 2014. M. Fuhrmann, Die Dichtungstheorie der Antike: Aristoteles, Horaz, «Longin». Eine Einführung, Darmstadt ^{2}1992. H.-D. Blume, Menander, Darmstadt 1998. G. Vogt-Spira, Dramaturgie des Zufalls. Tyche und Handeln in der Komödie Menanders, München 1992.

7. Das Drama im Hellenismus: Bühnen und Bücher in der gesamten Oikumene

[A] H. Jacobson (ed.), The Exagoge of Ezekiel, Cambridge 1983. [B] Hellenistic Tragedy. Texts, Translations and a Critical Survey by A. Kotlinsky-Toma, London 2015.

8. Das Drama in Rom: Kulturimport und Machtpolitik

[A] Scaenicae Romanorum poesis Fragmenta, rec. O. Ribbeck, vol. I: Tragicorum Latinorum reliquiae, Leipzig ^{3}1897; vol. II: Comicorum Romanorum praeter Plautum et Terentium fragmenta, Hildesheim ^{2}1962. Tragicorum Romanorum Fragmenta, vol. 1: Livius Andronicus; Naevius; Tragici minores; Fragmenta adespota, ed. M. Schauer, Göttingen 2012. The Tragedies of Ennius. The fragments, ed. H. D. Jocelyn, Cambridge ^{2}1969. [C] F. Bernstein, Ludi Publici. Untersuchungen zur Entstehung und Entwicklung der öffentlichen Spiele im republikanischen Rom, Stuttgart 1998. D. Feeney, Beyond Greek. The Beginnings of Latin Literature, Cambridge/London 2016. M. Fontaine/A. C. Scafuro (edd.), The Oxford Handbook of Greek and Roman Comedy, Oxford 2014. S. Frangoulidis/S. J. Harrison/G. Manuwald (edd.), Roman drama and its contexts, Berlin/Boston 2016. G. W. M. Harrison (ed.), Brill's Companion to Roman Tragedy, Leiden/Boston 2015.

9. Plautus: Inszenierte Aneignung des Fremden

[A] T. Macci Plauti Comoediae, 2 Bde., ed. W. M. Lindsay, Oxford 1904/5. [B] Plautus, Komödien, 6 Bde., hg. u. übers. v. P. Rau, Darmstadt 2008/9. Plautus, Amphitruo, hg. u. übers. v. J. Blänsdorf, Stuttgart 1979. [C] T. Baier (ed.), Studien zu Plautus' Amphitruo, Tübingen 1999. T. Baier (ed.), Studien zu Plautus' Poenulus, Tübingen 2004.

10. Terenz: Die Komödie als Medium für Wertediskussionen

[A] P. Terenti Afri Comoediae, edd. R. Knauer/W. M. Lindsay/O. Skutsch, Oxford [2]1958. [B] Terenz, Komödien, 2 Bde., hg. u. übers. v. P. Rau, Darmstadt 2012. [C] P. Kruschwitz, Terenz, Hildesheim 2004. A. Angoustakis/A. Traill (edd.), A Companion to Terence, Malden 2013.

11. Seneca: Ästhetisierung von Macht, Gewalt und Leidenschaft

[A] L. Annaei Senecae Tragodiae, ed. O. Zwierlein, Oxford [6]2009. [B] Seneca, Sämtliche Tragödien, 2 Bde., hg. u. übers. v. T. Thomann, Zürich/Stuttgart 1961/1969. [C] G. Damschen/A. Heil (edd.), Brill's Companion to Seneca. Philosopher and Dramatist, Leiden/Boston 2014. G. W. M. Harrison (ed.), Seneca in Performance, London 2000. B. Seidensticker, Plura non habui: Senecas Medea und der Comparativus Senecanus, in: Phasis 10, 2007, 150–162.

12. Das Drama in der Spätantike – Ausblick

[C] I. Gildenhard/M. Revermann (edd.), Beyond the Fifth Century. Interactions with Greek Tragedy from the Fourth Century BCE to the Middle Ages, Berlin/New York 2010. R. Webb, Demons and Dancers: Performance in Late Antiquity, Cambridge 2008.

Register